Polish
phrase book

Berlitz Publishing Company, Inc.

Princeton   Mexico City   Dublin   Eschborn   Singapore

Cover photo: FPG/VCG

ISBN 2-8315-7197-9
First printing–May 1999
Printed in Spain.

Developed and produced for Berlitz Publishing Company by:
G&W Publishing Services, Oxfordshire, U.K.
Polish edition: Malgorzata Polkowska–Baker and Maria Maskell

Contents

Pronunciation

This section is designed to familiarize you with the sounds of Polish using our simplified phonetic transcription. You'll find the pronunciation of the Polish letters and sounds explained below, together with their "imitated" equivalents. To use this system, found throughout the phrase book, simply read the pronunciation as if it were English, noting any special rules below.

The Polish language

Polish is a language with a long history. Like most other European languages, it has its origin in Sanskrit and is part of the Indo-European group. It is one of a family of 14 Slavic languages.

Polish is a phonetic language – there is a good correlation of sound to spelling – and its pronunciation is much more systematic than that of English. It conforms closely to consistent rules so that pronunciation problems, like the different pronunciations of the English "ough," as in "ought," "though," "cough," and "bough," do not occur.

Pronunciation of Polish consonants

Polish consonants are divided into "soft," "hardened," and "hard." The "soft" consonants are represented by the letters **ć, dź, j, l, ń, ś,** and **ź**. The "hardened" consonants are represented by the letters **cz, dz, dż, rz, sz,** and **ż**. The "hard" consonants are represented by the letters **b, c, ch, d, f, g, h, k, ł, m, n, p, r, s, t, w,** and **z**.

In Polish, the consonants **b, c, f, g, k, m, n, p, s,** and **z** can become soft under the influence of the vowel that follows, usually **i**.

As in English, certain consonants are termed "voiced" because their pronunciation is accompanied by a resonance of the voice. In Polish, those voiced consonants are **b, d, g, w, z, ż/rz, ź, dz, dź,** and **dż**; their "unvoiced" equivalents are **p, t, k, f, s, sz, ś, c, ć,** and **cz**.

Polish consonants frequently undergo voice assimilation, meaning they become similar in respect of voice to the neighboring consonant. For example: **wtedy** is pronounced **ftedi**, **babka** as **bapka**, and **prośba** as **proźba**.

Final "voiced" consonants are always pronounced "unvoiced." For example: **chleb** is pronounced *hlep*, **raz** as *ras*, and **rów** as *roof*.

Consonants/Consonant clusters

Letter	Approximate pronunciation	Symbol	Example	Pron.
b, d, f, g, k, l, m, n, p, t, z	approximately as in English			
c	short, like *ts* in fi*ts*	*ts*	**cały**	<u>tsah</u>wi
ć or **ci**	a soft, very short version of *chee* in *chee*se	*tch'*	**cień**	*tch'yen'*
cz	hard, like *ch* in *ch*urch	*ch*	**czapka**	<u>chap</u>ka
dz	like *ds* in be*ds*	*dz*	**dzwonek**	<u>dzvo</u>nek
drz and **dż**	hard, like *j* in *j*am	*j*	**drzwi**	*jvee*
dź or **dzi**	very soft version of *dz*, as if followed by *ee*	*dj*	**dzień**	*djyen'*
h and **ch**	hard, like the *ch* in Scottish lo*ch*	*h*	**chleb**	*hlep*
j	like *y* in *y*es	*y*	**jutro**	<u>yoo</u>tro
ł	like *w* in *w*in	*w*	**łóżko**	<u>woozh</u>ko
ń and **ni**	very soft, as if followed by *ee*	*n'*	**nie**	*n'yeh*
r	<u>r</u>olled, distinct at end of words	*rr*	**rower**	<u>rrove</u>rr
s	like *s* in *s*it	*s*	**sól**	*sool*
sz	like *sh* in *sh*ine	*sh*	**szkoła**	<u>shkoh</u>wa
ś and **si**	very soft, between *s* and *sh*, as if followed by *ee*	*sh'*	**śmieci**	*sh'm-yetch'ee*
w	like *v* in *v*ery	*v*	**woda**	<u>vo</u>da
ź and **zi**	very soft, between *z* and *zh*, as if followed by *ee*	*zh'*	**źródło**	<u>zh'rroo</u>dwo
ż and **rz**	hard, like *s* in plea*s*ure	*zh*	**żaba**	<u>zha</u>ba

Stress

In Polish, stress falls, as a rule, on the penultimate syllable, and the vowel becomes "stressed": **autobus**, **szkoła**. In some words of foreign origin (mostly Latin and Greek), stress is assigned to the third syllable from the end of the word: **uniwersytet**.

Vowels

Letter	Approximate pronunciation	Symbol	Example	Pron.
a	short, like *a* in *a*nt	*a*	**dach**	*da-h*
e	short, like *e* in t*e*n	*e(eh)*	**bez**	*bes*
i	like *ee* in k*ee*n	*ee*	**kino**	<u>*kee*</u>*no*
o	short, like *o* in t*o*p	*o*	**okno**	<u>*ok*</u>*no*
u and ó	like *oo* in b*oo*t or *u* in p*u*t	*oo*	**dół**	*doow*
y	short and hard, like *i* in f*i*t	*i*	**buty**	<u>*boo*</u>*ti*
ą	nasal, like *an* in fi*an*cé, also pronounced *on* before a consonant, and *om*	*on(g')/om*	**kąt**	*kont*
ę	nasal, also pronounced *en* before a consonant, and *eh*	*en(g')/eh*	**tę**	*teh*

Diphthongs

Letter	Approximate pronunciation	Symbol	Example	Pron.
aj	like *uy* in b*uy*	*uy*	**kraj**	*krruy*
au, ał	like *ow* in c*ow*	*ahw*	**autobus**	*ahwtoboos*
ej	like *ey* in h*ey*	*ey*	**kolej**	<u>*ko*</u>*ley*
eł	*e* plus *w*, similar to *aw* in *aw*ay	*ehw*	**kubeł**	*koobehw*
ie, je	like *ye* in *ye*t	*ye/yeh*	**idzie**	<u>*eedz*</u>*-yeh*
ił	*ee* plus *w*	*eew*	**kupił**	<u>*koo*</u>*peew*
ył	*i* plus *w*	*iw*	**był**	*biw*
oł	like *ow* in l*ow*	*ohw*	**koło**	<u>*koh*</u>*wo*
ła, ua	like *wo* in *wo*nder	*wah*	**ładny**	<u>*wah*</u>*dni*
ło	like *wo* in *wo*bble	*wo*	**mało**	<u>*ma*</u>*hwo*

8

The Polish alphabet

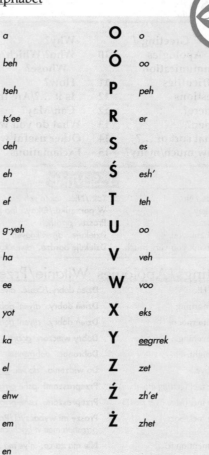

A	*a*	**O**	*o*
B	*beh*	**Ó**	*oo*
C	*tseh*	**P**	*peh*
Ć	*ts'ee*	**R**	*er*
D	*deh*	**S**	*es*
E	*eh*	**Ś**	*esh'*
F	*ef*	**T**	*teh*
G	*g-yeh*	**U**	*oo*
H	*ha*	**V**	*veh*
I	*ee*	**W**	*voo*
J	*yot*	**X**	*eks*
K	*ka*	**Y**	*eegrrek*
L	*el*	**Z**	*zet*
Ł	*ehw*	**Ź**	*zh'et*
M	*em*	**Ż**	*zhet*
N	*en*		

Basic Expressions

ESSENTIAL

Yes./No.	**Tak./Nie.** *tak/n'yeh*
Okay.	**W porządku./Okay.** *fpo-zhont-koo/okay*
Please.	**Proszę.** *prrosheh*
Thank you.	**Dziękuję.** *djyen'kooyeh*
Thank you very much.	**Dziękuję bardzo.** *djyen'kooyeh barrdzo*

Greetings/Apologies Witanie/Przepraszanie

Hello./Hi.	**Dzień dobry./Cześć.** *djyen' dobrri/chesh'tch'*
Good morning.	**Dzień dobry.** *djyen' dobrri*
Good afternoon.	**Dzień dobry.** *djyen' dobrri*
Good evening.	**Dobry wieczór.** *dobrri v-yechoorr*
Good night.	**Dobranoc.** *dobrranots*
Good-bye.	**Do widzenia.** *do vee-dzen'ya*
Excuse me! (*getting attention*)	**Przepraszam!** *pshe-prrasham*
Excuse me. (*May I get past?*)	**Przepraszam.** *pshe-prrasham*
Excuse me!/Sorry!	**Proszę mi wybaczyć!/Przepraszam!** *prrosheh mee vi-bachitch'/pshe-prrasham*
Don't mention it.	**Nie ma za co.** *n'ye ma za tso*
Never mind.	**Nie szkodzi.** *n'ye shkodjee*

Communication difficulties
Trudności w porozumieniu się

Do you speak English?	**Czy mówi pan po angielsku?** *chi moovee pan po an-g-yelskoo*
Does anyone here speak English?	**Czy ktoś tu mówi po angielsku?** *chi ktosh' too moovee po an-g-yelskoo*
I don't speak much Polish.	**Nie mówię dobrze po polsku.** *n'yeh moovyeh dobzheh po polskoo*
Could you speak more slowly?	**Bardzo proszę mówić wolniej.** *barrdzo prrosheh moovitch' voln'yey*
Could you repeat that?	**Bardzo proszę to powtórzyć.** *barrdzo prrosheh to pof-too-zhitch'*
Excuse me? [Pardon?]	**Słucham?** *swoo-ham*
Could you spell it?	**Czy może pan to przeliterować?** *chi mozheh pan to pshe-leete-rrovatch'*
Please write it down.	**Proszę mi to napisać.** *prrosheh mee to napeesatch'*
Can you translate this for me?	**Bardzo proszę to mi przetłumaczyć.** *barrdzo prrosheh to mee pshetwoo-machitch'*
What does this/that mean?	**Co to znaczy?** *tso to znachi*
Please point to the phrase in the book.	**Proszę wskazać mi ten zwrot w rozmówkach.** *prrosheh f-skazatch' mee ten z-vrrot v rroz-moof-kah*
I understand./I don't understand.	**Rozumiem./Nie rozumiem.** *rro-zoom-yem/n'yeh rro-zoom-yem*
Do you understand?	**Czy pan rozumie?** *chi pan rro-zoom-yeh*

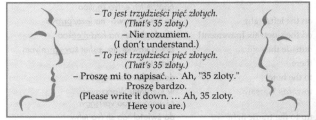

– *To jest trzydzieści pięć złotych.*
(That's 35 zloty.)
– Nie rozumiem.
(I don't understand.)
– *To jest trzydzieści pięć złotych.*
(That's 35 zloty.)
– Proszę mi to napisać. ... Ah, "35 zloty."
Proszę bardzo.
(Please write it down. ... Ah, 35 zloty.
Here you are.)

Questions Pytania

Questions can be formed in Polish:
1. by using **czy**.
Czy to pan Kowalski?   Are you Mr. Kowalski?
2. by adding rising intonation to the positive statement.
Pan Kowalski?   Mr. Kowalski?
3. by using other question words.
gdzie?, kiedy?, kto?, co?, etc.   where?, when?, who?, what?, etc.

Where? Gdzie?

Where is it?	**Gdzie jest?** *g-djyeh yest*
Where are you going?	**Gdzie pan idzie?** *g-djeh pan ee-djeh*
across the road	**przez ulicę** *pshes oo-lee-tseng'*
around the town	**po mieście** *po m-yesh'tch'yeh*
at the meeting place [point]	**na miejsce zbiórki** *na m-yeys-tseh z-byoorr-kee*
far from here	**daleko stąd** *daleko stont*
from the U.S.	**z Ameryki** *z amerrikee*
here	**tutaj** *tootuy*
in Poland	**w Polsce** *f pols-tseh*
in the car	**w samochodzie** *f samo-hodjyeh*
inside	**w środku** *f sh'rrot-koo*
near the bank	**niedaleko banku** *n'yedaleko bankoo*
next to the post office	**przy poczcie** *pshi poch-tch'yeh*
opposite the market	**naprzeciwko rynku** *napshe-tch'eefko rrinkoo*
on the left/right	**na lewo/prawo** *na levo/prravo*
on the sidewalk [pavement]	**na chodniku** *na hod-n'eekoo*
outside the café	**przed kawiarnią** *pshet kav-yarrn'yom*
there	**tam** *tam*
to the hotel	**do hotelu** *do hoteloo*
towards Warsaw	**w kierunku Warszawy** *f k-yeroon-koo varrshavi*
up to the traffic light	**do świateł** *do sh'fya-tehw*

When? Kiedy?

When does the museum open?	**Kiedy otwarte jest muzeum?** _kye_di otfarrteh yest moo-_ze_-oom
When does the train arrive?	**Kiedy przyjeżdża pociąg?** _kye_di pshi-_yezh_-ja potch'yonk
10 minutes ago	**10 minut temu** d_jye_sh'yentch' _mee_noot _te_moo
after lunch	**po obiedzie** po ob-_ye_-djeh
always	**zawsze** _za_fsheh
around midnight	**około północy** _o_kowo poow-_no_tsi
at 7 o'clock	**o siódmej** o _sh'yood_mey
before Friday	**przed piątkiem** pshet _p-yont_k-yem
by tomorrow	**do jutra** do _yoo_trra
every week	**co tydzień** tso _ti_-djeng'
for 2 hours	**przez dwie godziny** pshes dv-yeh go-_djee_eni
from 9 a.m. to 6 p.m.	**od dziewiątej rano do szóstej wieczorem** od djyev-_yon_tey rrano do _shoos_tey v-_ye_chorrem
in 20 minutes	**za dwadzieścia minut** za dva-d_jesh_'tchya _mee_noot
never	**nigdy** _nee_gdi
not yet	**jeszcze nie** _yesh_-cheh n'yeh
now	**teraz** _te_ras
often	**często** _chen_sto
on March 8	**ósmego marca** oos_me_go _marr_tsa
on weekdays	**w dni powszednie** v dn'ee pof-_shed_n'yeh
sometimes	**czasami** cha_sa_mee
soon	**niedługo** n'ye-_dwoo_go
then	**wtedy** f-_te_di
within 2 days	**w ciągu dwóch dni** f _tch'yon_goo dvooh dn'ee

What sort of ...? Jaki ...?

I'd like something ...	**Chciał(a)bym coś ... *** _h-tch'yahw(a)_-bim tsosh'
It's ...	**To jest ...** _to yest_
beautiful / ugly	**piękny / brzydki** _pyen'k_-ni / _bzhid_-kee
better / worse	**lepszy / gorszy** _lep_shi / _gorr_shi
big / small	**duży / mały** _doo_zhi / _mah_wi
cheap / expensive	**tani / drogi** _tanee_ / _drro_gee
clean / dirty	**czysty / brudny** _chi_sti / _brr_oodni
dark / light	**ciemny / jasny** _tch'yem_-ni / _ya_sni
delicious / revolting	**smaczny / niesmaczny** _smach_ni / n'ye_smach_ni
early / late	**wczesny / późny** f-_ches_ni / _poozh_'ni
easy / difficult	**łatwy / trudny** _waht_-fi / _trr_oodni
empty / full	**pusty / pełny** _poo_sti / _pew_ni
good / bad	**dobry / zły** _do_brri / z-wi
heavy / light	**ciężki / lekki** _tch'yeng_'shki / _lek_-kee
hot / warm / cold	**gorący / ciepły / zimny** go_rron_tsi / _tch'yep_wi / _zh'eem_-ni
narrow / wide	**wąski / szeroki** _von_ski / _sher_roki
next / last	**następny / ostatni** na_stemp_-ni / o_stat_nee
old / new	**stary / nowy** _starri_ / _no_vi
open / shut	**otwarty / zamknięty** ot-_farr_ti / zam-k-_n'yen_ti
pleasant / nice / unpleasant	**przyjemny / miły / nieprzyjemny** pshi-_yem_ni / _mee_wi / n'yepshi-_yem_ni
quick / slow	**szybki / wolny** _ship_kee / _vol_ni
quiet / noisy	**cichy / hałaśliwy** _tch'ee_-hi / hawah-_sh'lee_vi
right / wrong	**poprawny / niepoprawny** po_prra_vni / n'yepo-_prra_vni
tall / short	**wysoki / niewysoki** vi_so_ke / n'ye-vi_so_ke
thick / thin	**gruby / chudy** _grr_oobi / _hoo_di
vacant / occupied	**wolny / zajęty** _vol_ni / za_yen_ti
young / old	**młody / stary** _mwo_di / _starri_

* Note: **chciałabym** is the feminine form of **chciałbym**, and as such is used by a woman when saying "I'd like ..." here and throughout the phrase book.

GRAMMAR

Nouns are masculine, feminine, or neuter and change their
endings (decline) according to the "case" they are in.
Adjectives also decline and agree in gender and number
with the noun they usually precede ➤ 169.

How much/many? Ile?

How much is that?	**Ile to kosztuje?**	_eel_eh to kosh-_too_yeh
How many are there?	**Ile tu jest?**	_eel_eh too yest
1/2/3	**jeden/dwa/trzy**	_ye_den/dva/t-shi
4/5	**cztery/pięć**	_ch-ter_ri/p-yen'tch'
none	**nic/żaden**	neets/_zha_den
about 100 zlotys	**około stu złotych**	_oko_wo stoo _zwo_-tih
a little	**trochę**	_trro_heh
a lot of (traffic)	**duży (ruch)**	_doo_zhi (rrooh)
enough	**dość**	dosh'tch'
few/a few of them	**parę/kilka**	_parr_eh/_keel_ka
more than that	**trochę więcej**	_tro_heh v-_yen_-tsey
less than that	**trochę mniej**	_trro_-heh m-n'yey
much more	**dużo więcej**	_doo_zho v-_yen_-tsey
nothing else	**nic więcej**	neets v-_yen_-tsey
too much	**za dużo**	za _doo_zho

Why? Dlaczego?

Why is that?	**Dlaczego tak?**	dla_che_go tak
Why not?	**Czemu nie?**	_che_moo n'yeh
It's because of the weather.	**To z powodu pogody.**	
	to spo_vo_doo _pogo_di	
It's because I'm in a hurry.	**Ponieważ się spieszę.**	
	pon'_ye_vash sh'yeh sp-_ye_sheh	
I don't know why.	**Nie wiem dlaczego.**	
	n'ye v-yem dla_che_go	

Who?/Which? Kto?/Który

Who is it for?	**Dla kogo to?**	_dla kogo to_
(for) her/him	**dla niego/niej**	_dla n'yego/n'yey_
(for) me	**dla mnie**	_dla m-n'yeh_
(for) you	**dla ciebie**	_dla tch'yeb-yeh_
(for) them	**dla nich**	_dla n'eeh_
(for) someone	**dla kogoś**	_dla kogosh'_
(for) no one	**dla nikogo**	_dla n'ee-kogo_
Who's there?	**Kto tam?**	_kto tam_
Which one do you want?	**Który pan chce?**	_ktoorri pan htseh_
this one/that one	**ten/tamten**	_ten/tamten_
one like that	**taki jak ten**	_takee yak ten_
not that one	**nie ten**	_n'yeh ten_
something/nothing	**coś/nic**	_tsosh'/n'eets_

Whose? Czyj?

Whose is that?	**Czyje to?**	_chi-yeh to_
It's …	**To jest …**	_to yest_
mine/ours	**moje/nasze**	_moyeh/nasheh_
yours (familiar/formal)	**twoje/wasze**	_t-foyeh/vasheh_
his/hers/theirs	**jego/jej/ich**	_yego/yey/eeh_
It's … turn.	**To … kolej.***	_to… koley_

* The word for "turn" – **kolej** – is feminine and takes the feminine form of the possessive adjective.

GRAMMAR

Possessive adjectives agree in gender and number (and case ➤169) with the noun they modify.

	Singular			Plural		
	Masc.	Fem.	Neut.	Masc.	Fem.	Neut.
my	**mój**	**moja**	**moje**	**moi**	**moje**	**moje**
your	**twój**	**twoja**	**twoje**	**twoi**	**twoje**	**twoje**
his, its	**jego**	**jego**	**jego**	**jego**	**jego**	**jego**
her	**jej**	**jej**	**jej**	**jej**	**jej**	**jej**
our	**nasz**	**nasza**	**nasze**	**nasi**	**nasze**	**nasze**
your	**wasz**	**wasza**	**wasze**	**wasi**	**wasze**	**wasze**
their	**ich**	**ich**	**ich**	**ich**	**ich**	**ich**

How? Jak?

How would you like to pay?	**Jak będzie pan płacił?** *yak ben-djyeh pan pwah-tch'eew*
by cash	**gotówką** *gotoof-kom*
by credit card	**kartą kredytową** *karrtom krredi-tovom*
How are you getting here?	**Jak tu pan dojedzie?** *yak too pan doye-djyeh*
by car/bus/train	**samochodem/autobusem/pociągiem** *samo-hodem/ahwto-boosem/ potch'yon-g-yem*
on foot	**piechotą** *p-yeho-tom*
quickly	**szybko** *shipko*
slowly	**powoli** *povolee*
too fast	**za szybko** *za shipko*
very	**bardzo** *barrdzo*
with a friend	**z przyjacielem** *s pshiya-tch'yelem*
without a passport	**bez paszportu** *bes pashporrtoo*

Is it …?/Are there …? Czy jest …?/Czy są …?

Is it free of charge?	**Czy to jest bezpłatne?** *chi to yest bes-pwaht-neh*
It isn't ready.	**Nie jest gotowy.** *n'yeh yest gotovi*
Is there a shower in the room?	**Czy jest w pokoju prysznic?** *chi yest f pokoyoo prrish-n'eets*
Is there a bus into town?	**Czy jest autobus do miasta?** *chi yest ahwtoboos do m-yasta*
There it is/they are.	**Tak, tam.** *tak tam*
Are there buses into town?	**Czy są autobusy do miasta?** *chi som ahwtoboosi do m-yasta*
There aren't any towels in my room.	**Nie ma ręczników w moim pokoju.** *n'yema rrench-n'eekoof v mo-eem pokoyoo*
Here it is/they are.	**Proszę, tu jest/tu są.** *prrosheh too yest/too som*
There it is/they are.	**Proszę, tam jest/tam są.** *prrosheh tam yest/tam som*

Can/May? Móc?

Can I ...?	**Czy mogę ...?** *chi mogeh*
May we ...?	**Czy możemy ...?** *chi mozhemi*
Can you show me ...?	**Czy może mi pan pokazać ...?** *chi mozheh mee pan pokazatch'*
Can you tell me ...?	**Czy może mi pan powiedzieć ...?** *chi mozheh mee pan pov-ye-djyetch'*
Can you help me?	**Prosze, mi pomóc?** *prrosheh mee pomoots*
May I help you?	**Słucham pana?** *swoo-ham pana*
Can you direct me to ...?	**Czy może mi pan wskazać kierunek do ...?** *chi mozheh mee pan fskazatch' k-yerroonek do*
I can't.	**Nie mogę.** *n'yeh mogeh*

What do you want? Co chciałby pan?

I'd like ...	**Chciał(a)bym ...** *h-tch'yahw(a)-bim*
Could I have ...?	**Czy mogę dostać ...?** *chi mogeh dostatch'*
We'd like ...	**Chcielibyśmy ...** *h-tch'yelee-bish'mi*
Give me ...	**Daj mi ...** *duy-mee*
I'm looking for ...	**Szukam ...** *shookam*
I need to ...	**Muszę ...** *moosheh*
go ...	**iść ...** *eesh'tch'*
find ...	**znaleźć...** *zna-lesh'tch'*
see ...	**zobaczyć ...** *zo-bachitch'*
speak to ...	**mówić z ...** *moovitch' s*

– Przepraszam.
(Excuse me.)

– Tak? Słucham pana?
(Yes? May I help you?)

– Czy mogę mówić z panem Kowalskim?
(Can I speak to Mr. Kowalski?)

– Tak, chwileczkę.
(Just a moment, please.)

Other useful words
Inne użyteczne wyrazy

fortunately	**na szczęście** _na sh-cheng'sh'tch'yeh_
hopefully	**mam nadzieję** _mam na-dzye-yeh_
of course	**oczywiście** _ochi-veesh'tch'yeh_
perhaps	**być może** _bitch' mozheh_
unfortunately	**niestety** _n'yesteti_
also/but	**również/ale** _rroov-n'yesh/a-leh_
and/or	**i/albo** _ee/albo_

Exclamations Okrzyki

At last!	**Wreszcie!** _vrresh-tch'yeh_
Go on.	**Proszę dalej.** _prrosheh daley_
Nonsense!	**Bzdura!** _bzdoorra_
That's true.	**To prawda.** _to prravda_
No way!	**W żadnym przypadku!** _v zhad-nim pshi-patkoo_
How are things?	**Jak leci?** _yak letch'ee_
great/terrific	**świetnie/wspaniale** _sh'fyet-n'yeh/fspa-n'yaleh_
very good	**bardzo dobrze** _barrdzo dobzheh_
fine	**dobrze** _dobzheh_
not bad	**nieźle** _n'ye-zh'leh_
okay	**w porządku/okay** _f pozhont-koo/okay_
not good	**niedobrze** _n'ye-dobzheh_
fairly bad	**dość źle** _dosh'tch' zh'leh_
terrible	**okropnie** _okrrop-n'yeh_

GRAMMAR

Polish has no articles, i.e., no words for *a/an* or *the*. Thus *a telephone* and *the telephone* are simply conveyed as **telefon**.
However, remember that this noun (which is masculine) will change according to number and case ➤ 169.

Accommodations

Hotele *hoteleh*

There is a wide choice of hotels, both old and new, offering single, double, and often triple rooms. Prices vary according to standard, facilities, location, and season. While in Poland, visitors can reserve hotel rooms at the tourist office, Orbis.

Schroniska młodzieżowe *shʳroneeska mwodje-zhoveh*

Youth hostels are open only during the summer holidays and can be used by anyone. They are cheap and suitable for those who do not mind sharing floor space.

Domy Turysty/Schroniska górskie
domi toorristi/shʳroneeska goorrskyeh

"Tourist houses," ideal for budget travelers, provide simple accommodation for the night. They are run by the Polish Tourist Organization (**PTTK**), which also run "mountain refuges" (**Schroniska górskie**) providing shelter and cheap meals for hikers. Most mountain refuges, especially those in remote places, are obliged to provide shelter regardless of whether or not they are full.

Pensjonaty/zakwaterowanie prywatne
pens-yonati/zakfa-terrovan'yeh prrivatneh

There are many pensions (boarding houses) and rooms in private houses available in big towns and resorts through agencies (**Biura Kwater Prywatnych**). Pensions provide full or half board, whereas in most "private rooms" (**zakwaterowanie prywatne**) you cook for yourself, although it might be possible to negotiate half board for an additional fee. Pensions and private rooms have become more popular in recents years as the price of hotel accommodations has risen.

Reservations Rezerwacje

In advance Przed wyjazdem

Can you recommend
a hotel in …?

**Czy może pan polecić hotel
w …?** *chi mozheh pan
pole-tch'eetch' hotel v*

How much is it per night?

Ile kosztuje noc? *eeleh koshtooyeh nots*

Do you have a cheaper room?

Czy ma pan tańszy pokój?
chi ma pan tang'shi pokooy

Could you reserve me
a room there, please?

**Czy mógłby mi pan zarezerwować
tam pokój?** *chi moogbi mee pan
zarrezerr-vovatch' tam pokooy*

How do I get there?

Jak tam dojechać? *yak tam do-yehatch'*

At the hotel W hotelu

Do you have a room?

Czy ma pan wolny pokój?
chi ma pan volni pokooy

I'm sorry. We're full.

Przykro mi. Mamy wszystko zajęte.
pshikrro mee mami fshist-ko zayenteh

Is there another hotel nearby?

Czy jest jakiś inny hotel niedaleko?
chi yest yakish' een-ni hotel n'yedaleko

I'd like a single / double room.

Chciał(a)bym pojedynczy/podwójny pokój.
*h-tch'ahw(a)-bim po-yedinchi/
po-dvooyni pokooy*

I'd like a room with …

Chciał(a)bym pokój z …
h-tch'yahw(a)-bim pokooy s

a double bed / twin beds

podwójnym łóżkiem/dwoma łóżkami
*pod-vooynim woozh-k-yem/dvoma
woozh-kamee*

a bath / shower

wanną/prysznicem
van-nom/prishn'ee-tsem

– Czy ma pan wolny pokój?
(Do you have a room?)
– Przykro mi. Mamy wszystko zajęte.
(I'm sorry. We're full.)
– Oh. Czy jest jakiś inny hotel niedaleko?
(Oh. Is there another hotel nearby?)
– Tak proszę pani/pana. Hotel Victoria jest bardzo blisko.
(Yes, madam/sir. The Victoria Hotel is very close.)

Reception Recepcja

I have a reservation.	**Mam rezerwację.** *mam rrezerr-vats-yeh*
My name is …	**Moje nazwisko …** *moyeh naz-veesko*
We've reserved a double and a single room.	**Zarezerwowaliśmy podwójny i pojedynczy pokój.** *zarrezerrvo-valeesh'mi po-dvooy-ni ee poye-dinchi pokooy*
I've reserved a room for two nights.	**Zarezerwowałem pokój na dwie noce.** *zarrezerrvo-vawem pokooy na dv-yeh notseh*
I confirmed my reservation by mail.	**Potwierdziłem moją rezerwację listownie.** *pot-f-yerr-djeewem moyom rrezerr-vats-yeh lee-stov-n'yeh*
Could we have adjoining rooms?	**Czy możemy mieć pokoje obok siebie?** *chi mozhemi m-yetch' pokoyeh obok sh'yeb-yeh*

Amenities and facilities Wyposażenie i komfort

Is there (a) … in the room?	**Czy jest … w pokoju?** *chi yest f pokoyoo*
air conditioning	**klimatyzacja** *kleemati-zatsya*
TV/telephone	**telewizor/telefon** *tele-veezorr/telefon*
Does the hotel have (a/an) …?	**Czy w hotelu jest …?** *chi f hoteloo yest*
fax	**faks** *fax*
laundry service	**usługi pralnicze** *oos-woogee prral-neecheh*
satellite TV	**telewizja satelitarna** *tele-veez-ya sateli-tarrna*
sauna	**sauna** *sahwna*
swimming pool	**basen** *basen*
Could you put … in the room?	**Czy może pan wstawić … do pokoju?** *chi mozheh pan f-sta-vich' … do pokoyoo*
an extra bed	**dodatkowe łóżko** *dodat-koveh woozhko*
a crib [child's cot]	**dziecinne łóżeczko** *djye-tch'een-neh woo-zhech-ko*
Do you have facilities for children/the disabled?	**Czy są udogodnienia dla dzieci/niepełnosprawnych?** *chi som oo-dogod-n'yen'ya dla djye-tch'ee/n'ye-pehwno-sprrav-nih*

How long …? Jak długo …?

We'll be staying …	**Będziemy tu …** *bendjyemi too*
overnight only	**tylko jedną noc** *tilko yednom nots*
a few days	**kilka dni** *keelka dn'ee*
a week (at least)	**tydzień (przynajmniej)** *tidjeng' pshi-nuy-m-n-yey*
I'd like to stay an extra night.	**Chciał(a)bym zostać na jeszcze jedną noc.** *h-tch'yahw(a)-bim zostatch' na yeshcheh yednom nots*

– Dzień dobry. Mam rezerwację. Moje nazwisko John Newton.
  (Hello, I have a reservation. My name's John Newton.)
    – Dzień dobry, panie Newton.
      (Hello, Mr. Newton.)
  – Zarezerwowałem pokój na dwie noce.
    (I've reserved a room for two nights.)
  – W porządku. Czy mógłby pan wypełnić ten formularz?
    (Very good. Could you fill out this registration form?)

Czy mogę zobaczyć pana paszport?	May I see your passport, please?
Proszę wypełnić ten formularz/ podpisać tutaj.	Please fill out this form/sign here.
Jaki jest numer rejestracyjny pana samochodu?	What is your car license plate [registration] number?

POKÓJ ZA DOBĘ … ZŁOTYCH	room only … zloty
ZE ŚNIADANIEM	breakfast included
POSIŁKI	meals available
NAZWISKO/IMIĘ	last name/first name
MIEJSCE ZAMIESZKANIA/ (ULICA/NUMER)	home address (street/number)
OBYWATELSTWO/ZAWÓD	nationality/profession
DATA/MIEJSCE URODZENIA	date/place of birth
NUMER PASZPORTU	passport number
NUMER REJESTRACYJNY SAMOCHODU	car license plate [registration] number
MIEJSCE/DATA	place/date (*of signature*)
PODPIS	signature

Price Cena

How much is it ...?	**Ile to kosztuje ...?** _eeleh to koshtooyeh_
per night/week	**za noc/za tydzień** _za nots/za tidjyeng'_
for bed and breakfast	**za łóżko i śniadanie** _za wooshko ee sh'n'ya-dan'yeh_
excluding meals	**bez posiłków** _bes po-sh'eew-koof_
for full board (American Plan [A.P.])	**pełny pensjonat** _pewni pens-yonat_
for half board (Modified American Plan [M.A.P.])	**pół-pensjonat** _poow pens-yonat_
Does the price include ...?	**Czy w cenę wliczone jest ...?** _chi f tseneh vlee-choneh yest_
breakfast	**śniadanie** _sh'n'yadan'yeh_
sales tax [VAT]	**vat** _vat_
Do I have to pay a deposit?	**Czy muszę zapłacić zadatek?** _chi moo-sheh za-pwah-tch'eetch' zadatek_
Is there a reduction for children?	**Czy jest zniżka dla dzieci?** _chi yest zn'eeshka dla djye-tch'ee_

Decision Decyzja

May I see the room?	**Czy mogę zobaczyć ten pokój?** _chi mogeh zo-bachitch' ten pokooy_
That's fine. I'll take it.	**Dobrze. Wezmę ten.** _dobzheh vezmeh ten_
It's too ...	**Jest za ...** _yest za_
dark/small	**ciemny/mały** _tch'yem-ni/mahwi_
noisy	**hałaśliwy** _hawah-sh'leevi_
Do you have anything ...?	**Czy ma pan ...?** _chi ma pan_
bigger/cheaper	**większy/tańszy** _vyen' kshi/tang'-shi_
quieter/warmer	**cichszy/cieplejszy** _tch'eeh-shi/tch'ye-pleyshi_
No, I won't take it.	**Nie, nie wezmę tego.** _n'yeh n'yeh vez-meh tego_

24

Problems Problemy

The ... doesn't work.	**... jest zepsuty.**
	*... yest ze-psoo*ti
air conditioning/fan	**klimatyzacja/wiatrak**
	kleemati-zats-ya/v-yatrrak
heating/light	**ogrzewanie/światło**
	ogzhevan'ye/sh'f-yat-wo
I can't turn the heat [heating] on.	**Nie mogę włączyć ogrzewania.**
	n'yeh mogeh v-won-chitch' ogzhe-van'ya
I can't turn the heat [heating] off.	**Nie mogę wyłączyć ogrzewania.**
	n'yeh mogeh vi-won-chitch' ogzhe-van'ya
There is no hot water/toilet paper.	**Nie ma ciepłej wody/papieru toaletowego.** *n'yeh ma tch'yep-wey vodi/pap-yerroo to-aleto-vego*
The faucet [tap] is dripping.	**Kran cieknie.** *krran tch'yek-n'yeh*
The toilet is blocked.	**Klozet jest zatkany.**
	klozet yest zatkani
The sink is blocked.	**Zlew jest zatkana.**
	zlef yest zatkani
The window is jammed.	**Okno się zacięło.** *okno sh'yeh za-tch'yewo*
My room has not been made up.	**Mój pokój nie był sprzątnięty.** *mooy pokooy n'yeh biw spshont-n'yenti*
The ... is broken.	**... jest zepsuty.** *... yest zepsooti*
lamp/lock	**lampa/zamek** *lampa/zamek*
The ... are broken.	**... są zepsute.** *... som zepsooteh*
blinds/shutters	**żaluzje/okiennice** *zhalooz-yeh/ok-yen-nitseh*
There are insects in our room.	**Są insekty w pokoju.** *som eensekti f pokooyo*

Action Akcja

Could you have that seen to?	**Czy możecie się tym zająć?** *chi mozhe-tch'yeh sh'yeh tim zayontch'*
I'd like to move to another room.	**Chcę przenieść się do innego pokoju.** *h-tseh pshen'yesh'tch' sh'yeh do een-nego pokooyoo*
I'd like to speak to the manager.	**Chcę mówić z kierownikiem.** *h-tseh moovitch' s k-yerov-n'eekyem*

Requirements Ogólne

Poland has a 220-volt electricity supply. Standard Continental plugs with two round pins are used. If you bring electrical appliances, you will need to bring a Continental plug/adapter with you, as it is practically impossible to get one in Poland.

About the hotel O hotelu

Where's the ...?	**Gdzie jest ...?** *g-djeh yest*
bar	**bar** *barr*
bathroom [toilet]	**toaleta** *to-al̲e̲ta*
dining room	**jadalnia** *yad̲a̲ln'ya*
elevator [lift]	**winda** *v̲e̲enda*
parking lot [car park]	**parking** *parrkeenk*
shower room	**prysznic** *prr̲i̲shn'eets*
swimming pool	**basen** *b̲a̲sen*
tour operator's bulletin board	**tablica informacyjna przewodnika wycieczki** *tabl̲e̲etsa eenforrma-ts̲i̲yna pshevod-n̲e̲eka vitch'yechkee*
Does the hotel have a garage?	**Czy hotel ma garaż?** *chi h̲o̲tel ma g̲a̲rrazh*
Can I use this adapter here?	**Czy mogę używać tu ten adapter elektryczny?** *chi m̲o̲geh oozh̲i̲vatch' too ten ad̲a̲pterr elektr̲i̲chni*

TYLKO DLA GOLAREK	razors [shavers] only
WYJŚCIE BEZPIECZEŃSTWA	emergency exit
DRZWI PRZECIWPOŻAROWE	fire door
NIE PRZESZKADZAĆ	do not disturb
WYKRĘCIĆ ... NA LINIĘ NA MIASTO	dial ... for an outside line
WYKRĘCIĆ ... NA RECEPCJĘ	dial ... for reception
NIE WYNOSIĆ RĘCZNIKÓW Z POKOJU	don't remove towels from the room

Personal needs Potrzeby osobiste

The key to room ..., please.	**Proszę klucz do pokoju ...** _prrosheh klooch do pokoyoo_
I've lost my key.	**Zgubiłem klucz.** _zgoo-beewem klooch_
I've locked myself out of my room.	**Drzwi mi się zatrzasnęły.** _j-vee mee sh'yeh zatshas-nehwi_
Could you wake me at ...?	**Proszę mnie obudzić o ...** _prrosheh m-n-yeh oboo-djeetch' o_
I'd like breakfast in my room.	**Chcę zamówić śniadanie do pokoju.** _h-tseh zamoo-veetch' sh'n'yadan'yeh do pokoyoo_
Can I leave this in the safe?	**Czy mogę zostawić to w sejfie?** _chi mogeh zostavitch' to f seyf-yeh_
Could I have my things from the safe?	**Chcę odebrać moje rzeczy z sejfu.** _h-tseh odebratch' moyeh zhechi s seyfoo_
Where can I find (a) ...?	**Gdzie mogę znaleźć...?** _g-djeh mogeh znalesh'tch'_
maid	**pokojową** _pokoyo-vom_
our tour guide	**naszego przewodnika** _nashego pshevod-n'eeka_
May I have an extra ...?	**Czy mogę mieć dodatkowy ...?** _chi mogeh m-yetch' dodatkovi_
bath towel	**ręcznik kąpielowy** _renchn'eek komp-yelovi_
blanket	**koc** _kots_
pillow	**poduszkę** _podooshkeh_
soap	**mydło** _midwo_
May I have extra hangers?	**Czy mogę mieć dodatkowe wieszaki?** _chi mogeh m-yetch' dodatkove v-yeshakee_
Is there any mail for me?	**Czy są jakieś listy dla mnie?** _chi som yak-yesh' leesti dla m-n'yeh_
Are there any messages for me?	**Czy są jakieś wiadomości dla mnie?** _chi som yak-yesh' v-yado-mosh'tch'ee dla m-n'yeh_
Could you mail this for me, please?	**Czy mogę prosić o wysłanie tego?** _chi mogeh prosh'eetch' o viswahn'yeh tego_

BREAKFAST ➤ 43; CHANGING MONEY ➤ 138

Renting Wynajmowanie

We've reserved an apartment / cottage …	**Zarezerwowałem mieszkanie / domek …** zarrezerrvo-<u>va</u>wem m-yesh-<u>kan</u>'ye-/<u>do</u>mek
in the name of …	**na nazwisko …** na naz<u>vees</u>ko
Where do we pick up the keys?	**Gdzie możemy odebrać klucze?** g-djeh mo<u>zhe</u>mi o<u>de</u>bratch' <u>kloo</u>cheh
Where is the …?	**Gdzie jest …?** g-djeh yest
electric [electricity] meter	**licznik elektryczny** <u>leech</u>-n'eek elek<u>tri</u>chni
fuse box	**bezpieczniki** besp-yech-<u>n'ee</u>kee
valve [stopcock]	**kurek zamykający** <u>koo</u>rrek zamika-<u>yon</u>tsi
water heater	**boiler** <u>boy</u>lerr
Are there any spare …?	**Czy są jakieś zapasowe …?** chi som <u>yak</u>-yesh' zapa<u>so</u>veh
fuses	**bezpieczniki** besp-yech-<u>n'ee</u>kee
gas bottles	**butle gazowe** <u>boot</u>leh ga<u>zo</u>veh
sheets	**prześcieradła** pshe-sh'tch'ye-<u>ra</u>dwa
Which day does the maid come?	**Kiedy przychodzi sprzątaczka?** <u>k-ye</u>di pshi-<u>ho</u>djee spshon-<u>ta</u>chka
When do I put out the trash [rubbish]?	**Kiedy wywożą śmieci?** <u>k-ye</u>di vi<u>vo</u>zhom sh'm-<u>yetch</u>'ee

Problems Problemy

Where can I contact you?	**Gdzie się mogę z panem skontaktować?** g-djeh sh'yeh <u>mo</u>geh s <u>pa</u>nem skontak-<u>to</u>vatch'
How does the stove [cooker] / water heater work?	**Jak działa kuchenka / boiler?** yak <u>dj</u>yawah koo<u>hen</u>ka/<u>boy</u>lerr
The … is dirty.	**… jest brudny.** yest <u>brr</u>oodni
The … are dirty.	**… są brudne.** som <u>brr</u>oodneh
The … has broken down.	**… zepsuł się.** <u>zep</u>soow sh'yeh
We accidentally broke / lost …	**Niechcący zepsuliśmy / zgubiliśmy …** n'yeh-<u>tson</u>tsi zep<u>soo</u>-leesh'mi/ zgoo-<u>bee</u>leesh'mi
That was already damaged when we arrived.	**To było już zepsute jak przyjechaliśmy.** to <u>bi</u>wo yoosh ze-<u>psoo</u>teh yak pshiye-<u>ha</u>leesh'mi

HOUSEHOLD ARTICLES ➤ 148

Useful terms Przydatne wyrażenia

boiler	**boiler** _boylerr_
dishes [crockery]	**naczynia kuchenne i stołowe** _nachin'ya koohen-neh ee sto-woveh_
freezer	**zamrażarka** _zamrra-zharrka_
frying pan	**patelnia** _pateln'ya_
kettle	**czajnik** _chayn'eek_
lamp	**lampa** _lampa_
refrigerator	**lodówka** _lodoofka_
saucepan	**garnek** _garrnek_
stove [cooker]	**kuchenka** _koohenka_
utensils [cutlery]	**sztućce** _sh-tootch'-tseh_
washing machine	**pralka** _prralka_

Rooms Pokoje

balcony	**balkon** _balkon_
bathroom	**łazienka** _wah-zh'yenka_
bedroom	**sypialnia** _sip-yaln'ya_
dining room	**jadalnia** _yadaln'ya_
kitchen	**kuchnia** _koohn'ya_
living room	**salon** _salon_
toilet	**toaleta** _to-aleta_

Youth hostel Schroniska młodzieżowe

Do you have any places left for tonight?	**Czy są wolne miejsca na dzisiaj?** _chi som volneh m-yeys-tsa na djee-sh'yuy_
Do you rent out bedding?	**Czy wypożyczacie pościel?** _chi vi-pozhi-chatch'yeh posh'tch'yel_
What time are the doors locked?	**O której zamykane są drzwi?** _o ktoorey zami-kaneh som jvee_
I have an International Student Card.	**Mam Międzynarodową Kartę Studenta.** _mam m-yendzi-narodovom karrteh stoodenta_

REQUIREMENTS ➤ 26; CAMPING ➤ 30

Camping Camping

There are lots of professionally run campsites in Poland. Many of them also offer accommodations in wooden cabins at budget prices. In principle, campsites operate from May through September, but before setting off, it's worth checking with the local tourist office whether the sites are open, especially at the beginning and end of the season.

Reservations Rezerwacje

Is there a campsite near here?	**Czy jest niedaleko jakiś camping?** *chi yest n'yeda-leko yakish' kempink*
Do you have space for a tent/trailer [caravan]?	**Czy macie miejsce na namiot/przyczepę?** *chi match'yeh m-yeys-tseh na nam-yot/pshi-chepeh*
What is the charge …?	**Jaka jest opłata …?** *yaka yest opwahta*
per day/week	**za dzień/tydzień** *za djyeng'/tidjyeng'*
for a tent/car	**za namiot/samochód** *za nam-yot/samohoot*
for a trailer [caravan]	**za przyczepę** *za pshi-chepeh*

Facilities Udogodnienia

Are there cooking facilities on site?	**Czy jest możliwość gotowania na campingu?** *chi yest mozhlee-vosh'tch' gotovan'ya na kempeengoo*
Are there any electrical outlets [power points]?	**Czy są gniazdka elektryczne?** *chi som g-n'yastka elektrichneh*
Where is/are the …?	**Gdzie jest/są …?** *g-djeh yest/som*
drinking water	**woda do picia** *voda do peetch'ya*
trashcans [dustbins]	**śmietniki** *sh'm-yet-n'eekee*
laundry facilities	**pralnia** *prraln-ya*
showers	**prysznice** *prrishn'eetseh*
Where can I get some butane gas?	**Gdzie mogę kupić butan?** *g-djeh mogeh koopeetch' bootan*

CAMPING WZBRONIONY	no camping
WODA DO PICIA	drinking water
PALENIE OGNIA/BARBECUE WZBRONIONE	no fires/barbecues

Complaints Zażalenia

It's too sunny here. **Tu jest za słonecznie.**
too yest za swo-<u>nech</u>-n'yeh

It's too shady / crowded here. **Tu jest za duży cień / tłok.**
too yest za-<u>doozhi</u> tch'yeng / twok

The ground's too hard / uneven. **Ziemia tu jest za twarda / nierówna.**
*<u>zh'ye</u>m-ya too yest za <u>t-farr</u>da /
n'ye-<u>rroov</u>na*

Do you have a more level spot? **Czy macie równiejsze miejsce?**
chi <u>match</u>'yeh rroov-<u>n'yey</u>-sheh <u>m-yey</u>-stseh

You can't camp here. **Tu nie wolno rozbijać namiotów.**
too n'yeh <u>vol</u>no roz-<u>beeyatch</u>' nam-<u>yo</u>toof

Camping equipment Wyposażenie campingowe

butane gas	**butan** *<u>boo</u>tan*
campbed	**łóżko polowe** *<u>woosh</u>ko po<u>lo</u>ve*
charcoal	**węgiel drzewny** *<u>veng</u>-yel <u>je</u>vni*
flashlight [torch]	**latarka** *la<u>tarr</u>ka*
groundcloth [groundsheet]	**podłoga namiotu** *pod<u>wo</u>ga nam-<u>yo</u>too*
guy rope	**lina namiotowa** *<u>lee</u>na nam-yo<u>to</u>va*
hammer	**młotek** *<u>mwo</u>tek*
kerosene [primus] stove	**prymus** *<u>pri</u>moos*
knapsack	**plecak** *<u>ple</u>tsak*
mallet	**drewniany młotek** *<u>drev</u>n'yani <u>mwo</u>tek*
matches	**zapałki** *za<u>pah</u>wkee*
(air) mattress	**materac (nadmuchiwany)** *ma<u>te</u>rats (nad-moohee-<u>va</u>ni)*
paraffin	**parafina** *para<u>fee</u>na*
sleeping bag	**śpiwór** *sh'<u>pee</u>voor*
tent	**namiot** *<u>nam</u>-yot*
tent pegs	**kołki** *<u>k-ow</u>kee*
tent pole	**maszt namiotowy** *masht nam-yo<u>to</u>vi*

Checking out Wyjazd

What time do we have to check out by?
O której mamy zwolnić pokój?
o ktoorey mami z-voln'eetch' pokooy

Could we leave our baggage here until … p.m.?
Czy możemy zostawić nasz bagaż tutaj do … wieczór? *chi mozhemi zostaveetch' nash bagash tootuy do … v-yechoorr*

I'm leaving now.
Wyjeżdżam teraz.
vi-yezh-jam terraz

Could you order me a taxi, please?
Proszę zamówić dla mnie taksówkę. *prrosheh zamoovitch' dlam-n-yeh taksoofkeh*

It's been a very enjoyable stay.
Pobyt był bardzo przyjemny.
pobit biw barrdzo pshi-yemni

Paying Płacenie

A tip of 5 zloty is appropriate for a porter, and 25–50 zloty for a hotel maid for a week.

May I have my bill, please?
Poproszę mój rachunek.
poprrosheh mooy rrahoonek

How much is my telephone bill?
Ile jestem winny za telefon?
ee-leh yestem veen-ni za telefon

I think there's a mistake in this bill.
Chyba jest pomyłka w tym rachunku. *hiba yest pomiw-ka f tim rrahoonkoo*

I've made … telephone calls.
Rozmawiałem telefonicznie … razy. *rrozmav-yahwem telefo-neechn'yeh … rrazi*

I've taken … from the mini-bar.
Wziąłem … z mini-baru.
v-zh'yowem … z mee-n'ee barroo

Can I have an itemized bill?
Czy mogę dostać szczegółowy rachunek? *chi mogeh dostatch' sh-chegoo-wovi rrahoonek*

Could I have a receipt?
Czy mogę dostać pokwitowanie? *chi mogeh dostatch' pok-feeto-van'ye*

Eating Out

Restaurants Restauracje

Bar *barr*

A self-service cafeteria offering hot and cold food, sandwiches, desserts, and non-alcoholic drinks, although some may serve beer. A hotel bar will serve alcoholic drinks and sometimes light snacks.

Bar Bistro *barr beestrro*

A small cafeteria or restaurant that serves hot and cold dishes and salads. Good for quick meals.

Cocktail Bar *kok-tuyl barr*

A bar serving milkshakes, ice cream, cakes, and coffee. It does not serve cocktails!

Bar Mleczny *barr mlechni*

A bar that serves a variety of cheap non-meat dishes, not necessarily strictly vegetarian. Good for breakfast or a quick lunch.

Bufet *boofet*

A small restaurant, usually at a train station, which serves snacks and simple hot food, beer, and soft drinks. A **bufet** can also be on a train and will have a similar range of food. International and intercity trains will usually have a **wagon restauracyjny** (restaurant car), where *à la carte* meals are served.

Kawiarnia *kavyarrn'ya*

A place to meet friends over a cup of coffee and cake or ice cream. More and more cafés nowadays offer light snacks, and most serve liquor and beers.

Pub/Winiarnia *pub/veen'yarrn'ya*

Places that serve alcoholic drinks and sometimes light snacks.

Restauracja *rrestahw-rrats-ya*

Apart from traditional Polish restaurants, there are many that specialize in a particular international cuisine. Hotel restaurants are likely to serve traditional food. Prices vary according to location and standard. They are usually open from lunchtime until late evening or the early hours of the morning.

Zajazd *zayazd*

A country inn close to a major road, offering good regional food at excellent prices. Some also offer accommodations.

International fast-food chains exist in all big towns and are exactly the same as elsewhere.

Meal times Czas posiłków

Śniadanie *sh'n'yadan'ye*

Breakfast, usually served between 7 and 10 a.m.

Obiad/lunch *obyad/lunch*

Lunch, usually served between 2 and 5 p.m.

Kolacja *kolatsya*

The evening meal, which is served from 7 p.m. onwards. It can be either a cold buffet or a hot meal. With changing work habits, more and more people have their main meal in the evening.

Polish cuisine Kuchnia polska

Traditional Polish cuisine was influenced by the climate and location of Poland. Many dishes owe much to neighboring Russia, Germany, and Hungary. Heavy soups, meat with root and/or pickled vegetables, cabbage, preserved fruit, and dry and pickled mushrooms are still popular. So too are dumpings, noodles, and fish on Friday. The availability of fresh fruit and vegetables throughout the year, as well as health awareness, has changed eating habits dramatically in recent years. Modern Polish cuisine offers imaginative derivatives of traditional dishes. More salads and healthy snacks have been introduced, and vegetarian dishes are now common in restaurants.

A table for …, please.	**Proszę stolik na …**
	prrosheh stoleek na
1 (person)	**jedną osobę** _yed-nom osobeh_
2/3/4 (people)	**dwie/trzy/cztery osoby** _d-v-yeh/_
	t-shi/ch-terri osobi
Thank you.	**Dziękuję.** _djyen'kooyeh_
The bill, please.	**Proszę rachunek.** _prrosheh rra-hoonek_

Finding a place to eat Wybieranie restauracji

Can you recommend a good restaurant?	**Czy może pan polecić dobrą restaurację?** _chi mozheh pan pole-tch'eetch' dobrrom rrestahw-rrats-yeh_
Is there a(n) … restaurant near here?	**Czy jest tu niedaleko … restauracja?** _chi yest-too n'yedaleko … rrestahw-rrats-ya_
traditional Polish	**tradycyjna polska** _trradi-tsiy-na polska_
Hungarian	**węgierska** _ven'-g-yerrska_
Vietnamese	**wietnamska** _v-yet-namska_
Chinese	**chińska** _heen'ska_
fish	**rybna** _rribna_
inexpensive	**niedroga** _n'ye-drroga_
Italian	**włoska** _v-woska_
traditional local	**tradycyjna regionalna** _trradi-tsiy-na rreg-yonalna_
vegetarian	**wegetariańska** _vegetarr-yan'ska_
Where can I find a(n) …?	**Gdzie mogę znaleźć…?** _g-djyeh mogeh z-nalesh'tch'_
burger stand	**kiosk z hamburgerami/fast food** _k-yosk s hamboorr-gerramee/fast food_
café/restaurant	**kawiarnię/restaurację** _kav-yarrn'yeh/rrestahw-rrats-yeh_
with a terrace/garden	**z tarasem/ogródkiem** _s tarrasem/o-grroot-k-yem_
ice-cream parlor	**lodziarnię** _lo-djyarr-n'yeh_
pizzeria	**pizzerię** _peet-tserr-yeh_

DIRECTIONS ➤ 94

Reserving a table
Rezerwacja stolika

I'd like to reserve a table ...	**Chciał(a)bym zarezerwować stolik ...** *h-tch'yahw(a)-bim za-rrezerr-vovatch' stoleek*
for this evening at .../ for tomorrow at ...	**na dziś wieczór na .../na jutro o ...** *na djeesh' v-yechoorr na/na yootrro o*
We'll come at 8:00.	**Przyjdziemy o ósmej.** *pshiy-djyemi o oosmey*
A table for two, please.	**Proszę stolik na dwie osoby.** *prrosheh stoleek na d-v-yeh osobi*
We have a reservation.	**Mamy rezerwację.** *mami rrezerr-vats-yeh*

Na którą godzinę?	For what time?
Na jakie nazwisko?	What's the name, please?
Przykro mi, nie mamy miejsc.	I'm sorry. We're very busy/full.
Będziemy mieli stolik za ... minut.	We'll have a free table in ... minutes.
Proszę wrócić za ... minut.	Please come back in ... minutes.
Dla palących czy nie palących?	Smoking or non-smoking?

Where to sit Gdzie usiąść

Could we sit ...?	**Czy możemy usiąść ...?** *chi mozhemi oo-sh'yon'sh'tch'*
over there/outside	**tam/na zewnątrz** *tam/na zev-nonch*
in a non-smoking area	**w miejscu dla nie palących** *v m-yeys-tsoo dla n'ye pa-lon-tsih*
by the window	**przy oknie** *pshi okn'yeh*

– Chciałbym zarezerwować stolik na dziś wieczór.
(I'd like to reserve a table for this evening.)
– *Na ile osób? (For how many people?)*
– Cztery. (Four.)
– *Na którą godzinę? (For what time?)*
– Przyjdziemy o ósmej. (We'll come at 8:00.)
– *Na jakie nazwisko?(And what's the name, please?)*
– Smith. (Smith.)
– *W porządku. Do zobaczenia.*
(Thank you. We'll see you then.)

Ordering Zamawianie

Waiter! / Waitress!	**Proszę pana! / Proszę pani!** *prrosheh pana / prrosheh pan'ee*
May I see the wine list, please?	**Czy mogę zobaczyć listę win?** *chi mogeh zoba-chitch' leesteh veen*
Do you have a set menu?	**Czy macie zestaw dnia?** *chi match'yeh zestaf d-n'ya*
Can you recommend some typical local dishes?	**Czy może pan polecić typowe dania regionalne?** *chi mozheh pan pole-tch'eetch' tipoveh dan'ya rreg-yonal-neh*
Could you tell me what … is?	**Czy może mi pan powiedzieć co to jest …?** *chi mozheh mee pan pov-ye-djyetch' tso to yest*
What's in it?	**Z czego to jest?** *s chego to yest*
I'd like … / I'll have …	**Chciał(a)bym … / Wezmę …** *h-tch'yahw(a)-bim / vez-meng'*
a bottle / glass / carafe of …	**butelkę / kieliszek / karafkę …** *bootel-keh / k-yelee-shek / karraf-keh*

Czy chce pan już zamówić?	Are you ready to order?
Co chciałby pan zamówić?	What would you like?
Co chciałby pan do picia?	What would you like to drink?
Polecam …	I recommend …
Nie mamy …	We don't have …
To potrwa … minut.	That will take … minutes.
Smacznego.	Enjoy your meal.

– *Czy chce pan już zamówić? (Are you ready to order?)*
– *Czy może pan polecić danie regionalne?*
(Can you recommend a typical local dish?)
– *Tak, polecam bigos. (Yes, I recommend the bigos.)*
– *Dobrze, wezmę to. (Okay, I'll have that.)*
– *Proszę bardzo. Co chciałby pan do picia?*
(Certainly. And what would you like to drink?)
– *Karafkę czerwonego wina. (A carafe of red wine, please.)*
– *Proszę bardzo. (Certainly.)*

DRINKS ➤ 50; MENU READER ➤ 52

Side dishes / Accompaniments Dodatki

Could I have ... without the ...?	**Czy mógłbym mieć ... bez ...?** *chi <u>moog</u>-bim m-yetch' ... bez*
With a side order of ...	**Z dodatkiem ...** *z do<u>datk</u>-yem*
Could I have salad instead of vegetables, please?	**Czy mogę dostać sałatkę zamiast jarzyn?** *chi mogeh <u>dostatch</u>' sah<u>wat</u>-keh <u>zam</u>-yast <u>yazhin</u>*
Does the meal come with ...?	**Czy to danie jest z ...?** *chi to <u>dan</u>'yeh yest z*
vegetables / potatoes	**jarzynami/kartoflami** *yazhi-<u>namee</u>/karrtof-<u>lamee</u>*
rice / pasta	**ryżem/makaronem** *<u>rizhem</u>/maka<u>rro</u>nem*
Do you have any ...?	**Czy macie ...?** *chi <u>match</u>'yeh*
ketchup / mayonnaise	**ketchup/majonez** *<u>kechuap</u>/mu<u>yo</u>nes*
Could I have ... with that?	**Czy chciałby pan to z ...?** *chi h-tch'<u>yahw</u>-bi pan to z*
vegetables / salad	**jarzynami/sałatką (sałata)** *yazhi-<u>namee</u>/sah<u>wat</u>-kom (sah<u>wa</u>ta)*
potatoes	**kartoflami/ziemniakami** *karrtof-lamee/zh'yem-n'ya<u>ka</u>mee*
fries	**frytkami** *frit-<u>ka</u>mee*
sauce	**sosem** *<u>so</u>sem*
ice	**lodem** *<u>lo</u>dem*
May I have some ...?	**Czy mogę prosić ...?** *chi <u>mogeh</u> <u>prro</u>-sh'eetch'*
bread	**chleb** *h-lep*
butter	**masło** *<u>ma</u>swo*
lemon	**cytrynę** *tsi-<u>trri</u>-neh*
mustard	**musztardę** *moosh-<u>tarr</u>deh*
pepper	**pieprz** *p-yepsh*
salt	**sól** *sool*
oil and vinegar	**oliwę i ocet** *o-<u>lee</u>veh ee <u>o</u>-tset*
sugar	**cukier** *<u>tsook</u>-yerr*
artificial sweetener	**słodzik** *<u>swo</u>djeek*
vinaigrette [French dressing]	**winegret** *veene-grret*

General requests Życzenia ogólne

Could I/we have a(n) …, please?	**Czy mógłbym/moglibyśmy dostać …?** chi _moog_-bim/ mog-lee-_bish_'mi _do_statch'
(clean) ashtray	**(czystą) popielniczkę** (_chi_stom) pop-yeln'_eech_-keh
(clean) cup/glass	**(czystą) filiżankę/szklankę** (_chi_stom) feelee-_zhan_-keh/_sh_-_klan_-keh
(clean) fork/knife	**(czysty) widelec/nóż** (_chi_sti) vee_del_ets/noosh
(clean) plate/spoon	**(czysty) talerz/(czystą) łyżkę** (_chi_sti) _ta_lesh/ (_chi_stom) _wish_keh
(clean) napkin	**(czystą) serwetkę** (_chi_stom) serr_vet_-keh
I'd like some more …, please.	**Chciał(a)bym więcej …** h-tch'_yahw(a)_-bim _v-yen_-tsey
That's all, thanks.	**To wszystko, dziękuję.** to-_f-shist_-ko djyen'_kooy_eh
Where are the bathrooms [toilets]?	**Gdzie są toalety?** g-djyeh som to-a-_leti_

Special requirements Wymagania specjalne

I can't eat food containing …	**Nie mogę jeść jedzenia zawierającego …** n'ye-_mog_eh yesh'tch' ye_dze_-n'ya zav-yerrayon-_tsego_
salt/sugar	**sól/cukier** sool/_tsook_-yerr
Do you have any dishes/drinks for diabetics?	**Czy macie dania/napoje specjalne dla cukrzyków?** chi _match_'yeh _dan_'ya/ napoye spets-_yal_neh d-la tsook-_shi_koof
Do you have vegetarian dishes?	**Czy macie dania wegetariańskie?** chi _match_'yeh _dan_'ya vegetarr-_yan's_k-yeh

For the children Dla dzieci

Do you have a children's menu?	**Czy macie dania dla dzieci?** chi _match_'yeh _dan_'ya dla _djye_-tch'ee
Could you bring a child's seat, please?	**Czy może pan przynieść krzesełko dla dziecka?** chi _mozh_eh pan _pshi_-n'yesh'tch' k-she_sehw_-ko dla _djyets_-ka
Where can I change the baby?	**Gdzie mogę przewinąć dziecko?** g-djyeh _mog_eh p-she_vee_-non'tch' _djyets_-ko
Where can I feed the baby?	**Gdzie mogę nakarmić dziecko?** g-djyeh _mog_eh na_karr_-meetch' _djyets_-ko

CHILDREN ➤ 113

Fast food/Café
Fast food/Kawiarnia

In the past, cafés provided a meeting place for many people, both young and old. However, nowadays people have less time to go to cafés and some of them have closed or have become more like clubs and bars.

Something to drink Coś do picia

I'd like (a) …	**Chciał(a)bym …** _h-tch'yahw(a)-bim_
beer	**piwo** _peevo_
tea/coffee	**herbatę/kawę** _herr-bateh/kaveh_
black/with milk	**czarną/z mlekiem** _charr-nom/z-mlek-yem_
I'd like a … of red/white wine.	**Chciał(a)bym … czerwonego/białego wina.** _h-tch'yahw(a)-bim … cher-vonego/b-yahwego veena_
glass/carafe/bottle	**kieliszek/karafkę/butelkę** _k-yelee-shek/karraf-keh/bootel-keh_
bottled/draft [draught]	**butelkę piwa/kufel piwa** _bootel-keh/koofel peeva_

And to eat I do jedzenia

I'd like two of those.	**Chciał(a)bym dwa tamte.** _h-tch'yahw(a)-bim d-va tamteh_
burger/fries [chips]	**hamburger/frytki** _hamboorrgerr/frrit-kee_
omelet/pizza	**omlet/pizza** _omlet/peet-tsa_
sandwich/cake	**kanapka/ciastko** _kanapka/tch'yast-ko_
ice cream	**lody** _lodi_
chocolate/strawberry/vanilla	**czekoladowe/truskawkowe/waniliowe** _chekola-doveh/trrooskaf-koveh/van'eel-yoveh_
A piece of cake, please.	**Proszę kawałek ciasta.** _prrosheh kavahwek tch'yasta_
A … portion, please.	**Proszę … porcję.** _prrosheh … porr-ts-yeh_
small/regular [medium]/large	**małą/średnią/dużą** _mahwom/sh'rred-n'yom/doo-zhom_
To eat in or to go [take away]?	**Na miejscu, czy na wynos?** _na m-yeys-tsoo chi na vinos_
It's to go [take away].	**To na wynos.** _to na vinos_
That's all, thanks.	**To wszystko, dziękuję.** _to f-shist-ko djyen'koo-yeh_

DRINKS ➤ 50–51

– Co chciałby pan zamówić? (What would you like?)
– Dwie kawy proszę. (Two coffees, please.)
– Czarne czy z mlekiem? (Black or with milk?)
– Z mlekiem proszę. (With milk, please.)
– Czy to wszystko? (Anything else?)
– Dziękuję, to wszystko. (That's all, thanks.)

Complaints Zażalenia

I have no knife/fork/spoon.	**Nie mam noża/widelca/łyżki.** n'ye-mam noza/veedel-tsa/wishkee
There must be some mistake.	**To chyba jakaś pomyłka.** to hiba yakash' pomiwka
That's not what I ordered.	**To nie to co zamówiłem.** to n'yeh to tso zamoo-veevem
I asked for ...	**Prosiłem o ...** prro-sh'eehwem o
I can't eat this.	**Nie mogę tego jeść.** n'yeh mogeh tego yesh'tch'
The meat is ...	**Mięso jest ...** m-yenso yest
overdone/underdone	**przesmażone/nie dosmażone** pshesma-zhoneh/n'ye dosma-zhoneh
too tough	**za twarde** za t-farrde
This is too ...	**To jest za ...** to yest za
bitter/sour	**gorzkie/kwaśne** gosh-k-yeh/k-fash'neh
The food is cold.	**Jedzenie jest zimne.** yedze-n'yeh yest zh'eem-neh
This isn't fresh.	**To nie jest świeże.** to n'yeh yest sh'f-ye-zheh
How much longer will our food be?	**Jak długo jeszcze będziemy czekać na jedzenie?** yak d-woogo yesh'cheh ben-djyemi chekatch' na yedzen'yeh
We can't wait any longer. We're leaving.	**Nie możemy czekać dłużej. Wychodzimy.** n'yeh mozhemi chekatch' d-woozhey. viho-djeemi
This isn't clean.	**To nie jest czyste.** to n'yeh yest chisteh
I'd like to speak to the head waiter/manager.	**Chciał(a)bym rozmawiać z kierownikiem sali.** h-tch'yahw-bim rrozmav-yatch' s k-yerrov-n'eek-yem salee

Paying Płacenie

Most big restaurants take credit cards, but smaller ones will only take cash. In restaurants you should generally give a tip of 10% of the total bill. In smaller places, you may tip the waiter according to the service you receive.

I'd like to pay.	**Chciał(a)bym zapłacić.** *h-tch'yahw(a)-bim zapwah-tch'eetch'*
The bill, please.	**Proszę o rachunek.** *prrosheh o rrahoonek*
We'd like to pay separately.	**Chcemy zapłacić osobno.** *h-tsemi zapwah-tch'eetch' osobno*
It's all together.	**To wszystko razem.** *to f-shist-ko rrazem*
I think there's a mistake in this bill.	**Chyba jest pomyłka w tym rachunku.** *hiba yest pomiwka f tim rrahoon-koo*
What is this amount for?	**Za co jest ta suma?** *za tso yest ta sooma*
I didn't have that. I had …	**Nie miałem tego. Miałem …** *n'ye m-yahwem tego. m-yahwem*
Is service included?	**Czy obsługa jest wliczona?** *chi ops-wooga yest v-leechona*
Can I pay with this credit card?	**Czy mogę zapłacić tą kartą kredytową?** *chi mogeh zapwah-tch'eetch' tong karrtom krreditovom*
I don't have enough cash.	**Nie starczy mi gotówki.** *n'ye starrchi mee gotoofkee*
Could I have a receipt, please?	**Czy mogę prosić o pokwitowanie?** *chi mogeh prro-sh'eetch' o pok-feeto-van'yeh*
That was a very good meal.	**To był bardzo dobry obiad.** *to biw barrdzo dobrri ob-yat*

– Proszę pana! Proszę o rachunek!
(Waiter! The bill, please!)
– *Proszę bardzo. (Certainly. Here you are.)*
– Czy obsługa jest wliczona?
(Is service included?)
– *Tak. (Yes, it is.)*
– Czy mogę zapłacić tą kartą kredytową?
(Can I pay with this credit card?)
– *Tak, oczywiście. (Yes, of course.)*
– Dziękuję. To był bardzo dobry obiad.
(Thank you. That was a very good meal.)

Course by course Danie po daniu

Breakfast Śniadanie

I'd like …	**Chciał(a)bym …** _h-tch'yahw(a)-bim_
bread	**chleb** _h-lep_
butter	**masło** _maswo_
eggs	**jajka** _yuyka_
boiled / fried	**gotowane / sadzone** _gotovaneh / sadzoneh_
scrambled eggs	**jajecznicę** _yuyech-n'ee-tseh_
juice	**sok** _sok_
grapefruit juice	**grejpfrutowy sok** _grreyp-frrootovi sok_
orange juice	**pomarańczowy sok** _pomarran'chovi sok_
honey / jam	**miód / dżem** _m-yoot / jem_
marmalade	**dżem pomarańczowy** _jem pomarran'chovi_
milk	**mleko** _m-leko_
rolls / toast	**bułeczki / tosty** _boo-wechkee / tosti_

Appetizers / Starters Zakąski

herring in sour cream	**śledź w śmietanie** _sh'letch' f sh'm-ye-tan'yeh_
herring in oil	**śledź w oliwie** _sh'letch' v oleev-yeh_
pike in aspic	**szczupak w galarecie** _sh-choopak v galarre-tch'yeh_
smoked eel	**węgorz wędzony** _ven'gosh vendzoni_
steak tartare	**befsztyk tatarski** _bef-shtik tatarr-skee_
paté in aspic	**pasztet w galarecie** _pashtet v-galarre-tch'yeh_

Naleśniki z kapustą i grzybami
nalesh'n'eekee s-kapoo-stom ee g-zhi-bamee
Pancakes stuffed with cabbage and mushrooms.

Pieczarki w śmietanie _p-yecharr-kee f sh'm-ye-tan'yeh_
Mushrooms in a cream sauce.

Bigos _beegos_
A dish of sweet and sour cabbage with a selection of meats, mushrooms, and dried fruit.

Soups Zupy

barszcz czerwony	barsh-ch cherr-voni	beetroot soup
bulion z pasztecikiem	bool-yon s pashte-tch'eek-yem	consommé with meat-filled pastries
rosół z kury (z makaronem)	rosoow s koorri (z makarronem)	chicken broth (with noodles)
kapuśniak	kapoosh'n'yak	sauerkraut or cabbage soup
ogórkowa	ogoorrkova	pickled cucumber soup
szczawiowa	sh-chav-yova	sorrel soup served with hard-boiled eggs
żurek	zhoorrek	sour rye grains and cream soup

Chłodnik h-wod-n'eek
A cold soup made with sour milk or yogurt, grated raw young beets [beetroot], and dill, and served with hard-boiled eggs.

Barszcz czerwony barsh-ch cherr-voni
Borscht is a substantial soup made from beef and vegetables (chiefly beets [beetroot]), and served with sour cream (ze śmietaną) or without (bez śmietany).

Grochówka g-rrohoofka
A thick soup made from dried peas, often served with slices of sausage.

Pomidorowa pomee-dorrova
Tomato soup served either with sour cream and noodles (ze śmietaną/z makaronem) or without sour cream and noodles (bez śmietany/bez makaronu).

Egg dishes Potrawy z jaj

omlet z szynką	omlet s shinkom	omelet with ham
omlet z pieczarkami	omlet s p-yecharr-kamee	omelet with mushrooms
omlet z dżemem	omlet z jemem	omelet with jam
jajka sadzone na boczku	yayka sadzoneh na bochkoo	eggs and bacon

Fish and seafood Ryby i owoce morza

dorsz	dorrsh	cod
flądra	_flondrra_	flounder [plaice]
halibut	_haleeboot_	halibut
homar	_homarr_	lobster
karmazyn	_karrmazin_	haddock
karp	_karrp_	carp
krab	_krrap_	crab
krewetki	_krrevetkee_	shrimp [prawns]
leszcz	_lesh-ch_	bream
lin	_leen_	tench
łosoś	_wososh'_	salmon
makrela	_makrrela_	mackerel
małże	_mawh-zheh_	mussels
ostrygi	_ostrrigee_	oysters
pstrąg	_p-strronk_	trout
rak	_rrak_	crayfish
sandacz	_sandach_	pike perch
szczupak	_sh-choopak_	pike
śledź	_sh'letch'_	herring
tuńczyk	_toon'chik_	tuna
węgorz	_ven'gosh_	eel

Sandacz po polsku _sandach po polskoo_
Pike perch (a fresh-water fish) Polish style – boiled in vegetable stock and served with chopped hard-boiled eggs and melted butter.

Karp smażony _karrp smazhoni_
Carp in egg and bread crumbs, fried in butter, and served with fresh boiled vegetables and potatoes.

Szczupak faszerowany _sh-choopak fasherrovani_
Stuffed pike served warm with lettuce, fresh tomatoes, boiled potatoes, and horseradish sauce.

Karp po żydowsku _karrp po zhi-doskoo_
Carp Jewish style – seasoned with cloves, vinegar, salt and pepper and cooked in beer with fried onions, raisins, and lemon peel.

Meat and poultry Mięso i drób

bażant	bazhant	pheasant
boczek	bochek	bacon
cielęcina	tch'yelen-tch'eena	veal
gęś	gensh'	goose
golonka	golonka	shank (lower leg)
indyk	eendik	turkey
jagnię	yag-n'yeh	lamb
kaczka	kachka	duck
kiełbasy	k-yehwbasi	sausages
klopsy	klopsi	meat balls
kurczak	koorrchak	chicken
ozór	ozoorr	tongue
stek	stek	steak
szynka	shinka	ham
wieprzowina	v-yepsho-veena	pork
wołowina	vowo-veena	beef

Schab pieczony ze śliwkami s-hap p-yechoni ze sh'leef-kamee
Roast pork loin with prunes, served with roast potatoes and red cabbage.

Kotlety wieprzowe panierowane z kapustą
kotleti v-yep-shoveh pan-yerro-vaneh s kapoos-tom
Pork chops in bread crumbs, fried in butter and served with boiled
potatoes, cabbage, and seasonal vegetables.

Kaczka pieczona z jabłkami kachka p-yechona s yapka-mee
Roast duck with apples and toast, served with side salad and red wine.

Gołąbki gowomp-kee
Cabbage leaves stuffed with minced meat and rice.

Zrazy zawijane z ogórkiem kiszonym
z-rrazi zavee-yaneh z ogoorr-k-yem kee-shonim
Fillet of beef rolled with pickled cucumber and a piece of bacon, cooked in
its own juices, served with mashed potatoes and vegetables.

Gulasz wieprzowy goolash v-yep-shovi
Chopped pork cooked with butter, onions, pepper, garlic, and
tomato purée, and served with potatoes or groats and a side salad.

Baranina pieczona ze śmietaną barran'eena p-yechona
ze sh'm-ye-tanom
Roast marinated mutton seasoned with sour cream.

Vegetables Jarzyny

bakłażan	*bakwah-zhan*	eggplant [aubergine]
brukiew	*brook-yef*	rutabaga [swede]
burak	*boorrak*	beetroot
cebule	*tseboola*	onions
cukinie	*tsookeen'yeh*	zucchini [courgettes]
czosnek	*chosnek*	garlic
fasolka szparagowa	*fasolka sh-parragova*	green beans
groszek	*grroshek*	peas
kalafior	*kalaf-yorr*	cauliflower
kapusta	*kapoosta*	cabbage
kartofle	*karrtofleh*	potatoes
marchew	*marr-hef*	carrots
młoda cebulka	*m-woda tseboolka*	shallots [spring onions]
ogórek	*ogoorrek*	cucumber
papryka	*paprika*	peppers
pieczarki/grzyby	*p-yecharr-kee/g-zhibi*	mushrooms
pomidory	*pomee-dorri*	tomatoes
ryż	*rrish*	rice
rzepy	*zhepa*	turnips
sałata	*sawahta*	lettuce
seler	*selerr*	celeriac (celery root)
seler łodygowy	*selerr wodigovi*	celery
szparagi	*sh-parragee*	asparagus

Salad sałaty/sałatki

sałatka pomidorowa	*sawaht-ka pomee-dorrova*	tomato and onion salad
sałatka kartoflana	*sawaht-ka karrtoflana*	potato salad
zielona sałata	*zh'yelona sawahta*	green salad

Sałatka jarzynowa *sawaht-ka yazhi-nova*
A salad of cooked, mixed vegetables blended with cream and mayonnaise.

Cheese Sery

Cheese is very popular in Poland and is usually eaten with bread. You will find a huge variety of both soft and hard cheeses. The hard variety can be vaguely divided into three categories: mild, medium, and strong.

biały ser	b-yahwi serr	white cheese (cow's milk)
brie	brree	Brie-type cheese
bryndza	brindza	ewe's milk
camembert	kamamberr	Camembert-type cheese
łagodne	wagodneh	mild
ostre	ostrreh	strong
pleśniowy	plesh'n'yovi	blue cheese
pół łagodny/pół ostry	poow-wagodni/ poow-ostrri	medium
sery miękkie	serri m-yen'k-k-yeh	soft cheeses
sery topione	serri top-yoneh	processed cheeses
twarożek	t-farro-zhek	cottage cheese
żółte sery	zhoow-teh serri	hard cheeses

Pies and dumplings Pierogi i kluski

Pierogi p-yerrogee
Stuffed dumplings with meat (**z mięsem**), mushrooms (**z grzybami**), cabbage (**z kapustą**), cheese (**z serem**), or fruit (**z owocami**), served warm with butter or sweet sauces.

Leniwe pierogi len'eeveh p-yerrogee
Large dumplings made with flour, cooked potatoes, and white cheese, served warm with cream.

Knedle ze śliwkami k-nedleh ze sh'leef-kamee
Dumplings stuffed with plums, served warm with cream or sugar.

Kluski śląskie klooskee sh'lons-k-yeh
Dumplings made with flour and raw potatoes, served warm with fried, chopped bacon and onions.

Placki kartoflane plats-kee karrtoflaneh
Potato pancakes made with grated raw potatoes and onions, fried and served with sour cream.

Dessert Desery

krem owocowy	*krrem ovo-tsovi*	whipped cream with fruit
galaretka owocowa	*gala-rretka ovo-tsova*	fruit jelly
kompot owocowy	*kompot ovo-tsovi*	fruit compote
naleśniki	*nalesh'n'eekee*	pancakes
szarlotka	*sharr-lotka*	apple tart

Kisiel żurawinowy *keesh'yel zhoo-rravee-novi*
A soft jelly made with cranberries, served with milk or cream.
Gruszki w syropie *grroosh-kee f sirrop-yeh*
Pears in thick syrup served with vanilla sauce.
Racuszki z jabłkami *rratsoosh-kee z yapkamee*
Small pancakes made with sliced apples, fried and served with vanilla powdered [icing] sugar.
Budyń orzechowy *boodin' ozhe-hovi*
A pudding made with eggs, sugar, walnuts, and bread crumbs, served with vanilla sauce.

Fruit Owoce

arbuz	*arrboos*	watermelon
banany	*banani*	bananas
brzoskwinie	*bzhos-k-feen'yeh*	peaches
cytryny	*citrrini*	lemons
czereśnie	*che-rresh'n'yeh*	cherries
grejpfrut	*grreyp-frroot*	grapefruit
jabłka	*yapka*	apples
maliny	*maleeni*	raspberries
melon	*melon*	melon
morele	*morreleh*	apricots
pomarańcze	*poma-rran'cheh*	oranges
śliwki	*sh'leef-kee*	plums
truskawki	*trroos-kafkee*	strawberries
winogrona	*veeno-grrona*	grapes

Drinks Napoje

Beer Piwo

The best Polish beers are **Żywiec**, **Okocim**, **EB**, **Heweliusz**, and **Brok**, but you can also find most well-known international brands.

Do you have … beer? | **Czy macie piwo …?**
| *chi match'yeh peevo*

bottled/draft [draught] | **butelkowe/beczkowe**
| *bootel-koveh/bech-koveh*

Wine Wino

Wine has become a more popular drink in Poland in recent years, though no wine is made there. The cheapest wines come from Bulgaria, Hungary, Romania, and Georgia. Big supermarkets and liquor stores also stock Spanish, French, Italian, and Californian wines.

Can you recommend a … wine? | **Czy może pan polecić … wino?**
| *chi mozheh pan poletch'eetch' … veeno*

red/white/blush [rosé] | **czerwone/białe/różowe**
| *cherr-voneh/b-yaweh/roozhove*

dry/sweet/sparkling | **wytrawne/słodkie/musujące**
| *vitrrav-neh/swot-k-yeh/moosooyontseh*

Spirits and liqueurs Wódki i likiery

Vodka, made from either potatoes or rye, is still the national drink. It is served cold and drunk neat from small glasses, either with a meal or on its own. Each glass is followed by a small snack. You will find many flavored vodkas, as well as the regular "straight" type. The former are often more expensive and are drunk mainly on special occasions.

vodka | **wódka** *vootka*

lemon-flavored vodka | **cytrynówka** *tsi-trri-noofka*

rowanberry vodka | **jarzębiak** *yazhem-b-yak*

hunter's vodka | **myśliwska** *mish'leef-ska*

Bison vodka | **żubrówka** *zhoo-broofka*

"Goldwater" (with flakes of gold leaf) | **Goldwasser** *gold-vaserr*

mead | **miód pitny** *m-yoot peetni*

Polish brandy | **winiak** *veen'yak*

slivovitz (plum brandy) | **śliwowica** *sh'leevo-veetsa*

straight [neat]	**czysta** _chista_
on the rocks [with ice]	**z lodem** _z lodem_
with water/tonic water	**z wodą/tonikiem** _z vodom/ton'eek-yem_
I'd like a single/double …	**Chciał(a)bym pojedyńczą/ podwójną …** _h-tch'yahw(a)-bim poyedin'chom/pod-vooy-nom_
brandy*/gin/whisky/vodka	**koniak/gin/whisky/wódkę** _kon'yak/djeen/weeski/vootkeh_

* "foreign brandy." as opposed to Polish brandy, **winiak**

Non-alcoholic drinks Napoje bezalkoholowe

Herbata _herr-bata_

Tea is usually drunk either black or with lemon. Traditionally, **esencja** (the essence) was brewed in a small ceramic teapot over a boiling kettle. The essence was poured into a glass or cup and boiling water added. Nowadays, tea bags are increasingly popular. Herb teas (**herbaty ziołowe**), now widely available, have become popular too.

Kawa _kava_

Coffee is usually drunk strong without milk, espresso or Turkish-style. Most cafés and bars nowadays serve capuccino as well. However, it might be difficult to obtain decaffeinated coffee.

I'd like …	**Chciał(a)bym …** _h-tch'yahw(a)-bim_
tea/coffee	**herbatę/kawę** _herr-bateh/kaveh_
black/with milk	**czarną/z mlekiem** _charr-nom/z-mlek-yem_
decaffeinated	**dekafinowaną** _deka-feeno-vanom_
espresso/Turkish coffee	**z ekspresu/po turecku** _zeks-prresoo/po-toorrets-koo_
(hot) chocolate	**gorącą czekoladę** _gorrontsom chekoladeh_
cola/lemonade	**colę/lemoniadę** _koleh/lemo-n'yadeh_
fruit juice	**sok owocowy** _sok ovo-tsovi_
orange/pineapple/tomato	**pomarańczowy/ananasowy/pomidorowy** _poma-rran'chovi/ananasovi/pomee-dorrovi_
milk shake	**napój mleczny** _napooy m-lechni_
mineral water	**wodę mineralną** _vodeh meene-rralnom_
carbonated/non-carbonated [still]	**gazowaną/niegazowaną** _gazo-vanom/n'ye-gazo-vanom_

51

Menu Reader

This Menu Reader is an alphabetical glossary of terms that you may find on a menu. Certain traditional dishes are cross-referenced to the relevant page in the *Course by course* section, where they are described in more detail.

dobrze wysmażone	_dobzheh vismazhoneh_	well-done
duszone	_dooshoneh_	braised/stewed
gotowane	_gotovaneh_	boiled
kawałki/kostki	_kavahwkee/kostki_	diced
krem z ...	_krrem s_	creamed
mało wysmażone	_mahwo vismazhoneh_	rare/pink
marynowane	_marinovaneh_	marinated
nadziewane/ faszerowane	_nadj'yevaneh/ fasherrovaneh_	stuffed
na parze	_na pazheh_	steamed
panierowane	_pan-yerrovaneh_	breaded
pieczone	_p-yechoneh_	baked/roasted
podpieczone w piecu	_potp-yechoneh f p-yetsoo_	oven-browned
prawie surowe	_prav-yeh soorroveh_	very rare [blue]
smażone	_smazhoneh_	fried
średnio wysmażone	_sh'rredne-yo vismazhoneh_	medium
wędzone	_vedzoneh_	smoked
z frytury	_s frritoorri_	deep-fried
z przyprawami	_s pshiprravamee_	spicy
z rusztu	_z rrooshtoo_	grilled
z wody	_z vodi_	poached

A agrest gooseberry

alkohole spirits/alcohol

ananas pineapple

anchois anchovies

anioł morski monkfish

arbuz watermelon

B babeczka cake/pie

bakłażan eggplant [aubergine]

banan banana

baranina mutton

baranina pieczona ze śmietaną roast marinated mutton with sour cream ➤ 46

bardzo przyprawiony highly seasoned

bardzo wytrawne very dry (*wine, etc.*)

barszcz beet [beetroot]

barszcz czerwony beet [beetroot] soup ➤ 44

bazylia basil

bażant pheasant

befsztyk tatarski steak tartare ➤ 43

bekas woodcock

bekon bacon

bez dodatków straight [neat]

beza meringue

bezkofeinowa decaffeinated

biała fasola butter beans

biała kapusta white cabbage

białko egg white

biały chleb soda bread

bigos sweet and sour cabbage, a selection of meats, mushrooms, and dried fruit ➤ 43

biszkopt sponge cake

bita śmietana whipped cream

brokuły broccoli

brukselka Brussel sprouts

bryndza ewe's milk cheese

brzoskwinia peach

bulion clear soup

bułeczka bun

bułeczki rolls

bułka tarta bread crumbs

budyń blancmange

budyń orzechowy walnut and vanilla pudding ➤ 49

budyń z karmelem crème caramel

burak beetroot

C cebula onions

chleb bread

chleb przaśny (bez drożdży) unleavened bread

chłodnik cold yogurt, dill, and beet [beetroot] soup ➤ 44

chłodzone chilled

chrzan horseradish

ciasteczka cookies [biscuits]

ciasto wałkowane pastry

ciasto francuskie puff pastry

ciasto półkruche shortcrust pastry

ciasto cake

ciasto z bakaliami fruit cake

cielęcina veal

comber loin (*usually game*)

cukier sugar

cukinie zucchini [courgette]

cykoria chicory/endive

cynamon cinnamon

cytryna lemon

cytrynówka lemon-flavored vodka ➤ 50

czarna black (*coffee*)

czarna porzeczka black currants

czarny chleb black bread

czekolada chocolate

czekolada pitna hot chocolate

czereśnie cherries

czerwona kapusta red cabbage

czerwone red (*wine*)

czerwone porzeczki red currants

czerwony cefal red mullet

czerwony pieprz chili pepper

czosnek garlic

Ć **ćwikła** grated horseradish with beets [beetroot]

D **daktyle** dates

danie dnia dish of the day

deser dessert

dojrzały ripe

domowy homemade

dorsz cod

drób poultry

duszony stewed

dynia squash/pumpkin

dziczyzna game

dzik wild boar

dżem jam

dżem pomarańczowy marmalade

E **estragon** tarragon

F **fasolka szparagowa** French beans

fasola beans (pulses), haricot beans

fasola czerwona kidney beans

fasolka chińska bean sprouts

fasolka zielona sugarsnap peas [mangetout]

figi figs

figi suszone dried figs

figi swieże fresh figs

flaki tripe

flądra flounder [plaice]

frytki French fries [chips]

G **galaretka** jelly

galaretka z pigwy quince jelly

gałka muszkatołowa nutmeg

garnirowanie garnish, trimming

gazowana carbonated

gęsty rich (*sauce*)

gęś goose

gin z tonikiem gin and tonic

gin z wodą sodową i cytryną gin fizz

głowizna pig's head [brawn]

Goldwasser "Goldwater" (*vodka with gold leaf*) ➤ 50

golonka shank (*lower leg*)

gołąb pigeon

gołąbki minced meat with rice rolled in cabbage leaves ➤ 46

gorący hot (*temperature*)

gotowany na parze steamed

goździki cloves

granaty pomegranates

grejpfrut grapefruit

grillowane na węglu charcoal-grilled

grochówka pea soup served with slices of sausage ➤ 44

groch włoski chickpeas

groszek peas

gruszka pear

gruszka avocado avocado

gruszki w syropie pears in syrup ➤ 49

grzanka toast

grzyby wild mushrooms [ceps]

gulasz stew

gulasz z jagnięcia lamb stew

H **herbata** tea (*beverage*)

herbatniki cookies [biscuits]

homar lobster

I **imbir** ginger

indyk turkey

J **jabłko** apple

jadłospis menu

jagnię lamb

jagody blueberries

jagody jałowca juniper berries

jaja eggs

jajecznica scrambled eggs

jajko na miękko soft-boiled egg

jajko na twardo hard-boiled egg

jarzębiak rowanberry vodka ➤ 50

jarzyny vegetables (*general*)

jasny plain

jeżyny blackberries

jogurt yogurt

K **kabaczek** marrow

kaczka duck

kaczka pieczona z jabłkami roast duck with apples and toast ➤ 46

kalafior cauliflower

kałamarnica squid

kanapka sandwich

kapłon capon

kaparek caper

kapusta cabbage

kapusta kiszona sauerkraut

kapuśniak sauerkraut soup

karafka carafe

karczochy artichokes

karmazyn haddock

karp carp

karp po żydowsku carp with spices cooked in beer ➤ 45

karp smażony carp in egg and bread crumbs ➤ 45

kaszanka black pudding

kasztany jadalne chestnuts (*sweet*)

kawa coffee

kawior caviar

kefir thin yogurt

kiełb gudgeon (*freshwater fish*)

kiełbaski sausages

kiełbaski wieprzowe pork sausages

kisiel jelly

kisiel żurawinowy cranberry jelly ➤ 49

klops meatloaf

kluski noodles/dumplings

kluski śląskie flour and potato dumplings with bacon and onions ➤ 48

kminek caraway

knedle ze śliwkami dumplings stuffed with plums ➤ 48

kogut capon

koktail mleczny milkshake

kompot stewed fruit/compote

konserwowany cured (*ham, etc.*)

koper fennel

koperek dill

kopytka potato dumplings

korniszony gherkins

kość bone

kotlety chops

kotlety wieprzowe panierowane
pork chops in bread crumbs
➤ 46

koza goat

koźlę kid (*goat*)

krab crab

krakersy crackers

krewetki shrimp [prawns]

krokiet croquette

królik rabbit

krupnik barley soup

kukurydza sweet corn

kurczak chicken

kurczak pieczony roast chicken

kurczak smażony fried chicken

kurczak z rusztu grilled chicken

kurki chanterelle mushrooms

kuropatwa partridge

kwaśny sour (*taste*)

L **langusta** spiny lobster

lekki light (*sauce, etc.*)

lemoniada lemonade

leniwe pierogi flour, potato, and
curd cheese dumplings with
cream ➤ 48

leszcz bream

likier liqueur

limona lime

lista win wine list

listek laurowy bay
leaf

lód ice

lody ice cream

lukier icing

Ł **łagodny** mild (*flavor*)

łopatka shoulder (*cut of meat*)

łosoś salmon

łosoś wędzony smoked salmon

M **majonez** mayonnaise

majonez czosnkowy garlic
mayonnaise

makaron pasta

makrela mackerel

maliny raspberries

małże mussels

mandarynka tangerine

marcepan marzipan

marchew carrots

marynata pickles

marynowany marinated

marynowany w occie
marinated in vinegar

masło butter

maślanka buttermilk

mazurek kind of cake

mąka flour

mąka biała plain flour

mąka razowa
whole-wheat flour

melasa molasses [treacle]

miecznik swordfish

mielona wołowina minced beef

mieszane jarzyny mixed
vegetables

mięso meat (*general*)

mięso z rusztu grilled meat

mięta mint

migdały almonds

migdały w cukrze sugared almond

minóg morski lamprey

miód honey

miód pitny mead ➤ 50

mizeria cucumber salad with
sour cream

mleko milk

młoda cebula shallots/spring
onions

młoda kapusta
spring cabbage

młody kurczak spring (*baby*)
chicken

mocne full-bodied (*wine*)/
strong (*beer*)

morele apricots

morwa mulberry

móżdżek brains

mrożony iced (*drinks*)

mus purée

musujący sparkling

musztarda mustard

myśliwska hunter's vodka ➤ 50

N na szpikulcu skewered

nadziewane stuffed

naleśniki pancakes

naleśniki z kapustą i grzybami
pancakes with cabbage and
mushrooms ➤ 43

napój alkoholowy alcoholic drink

napój bezalkoholowy soft drink

napój owocowy fruit
squash/cordial

napoje bezalkoholowe non-
alcoholic drinks

nektarynka nectarine

nerki kidneys

nerkówka loin (*cut of meat*)

noga leg (*cut of meat*)

nóżki trotters (*pigs' feet*)

nugat nougat

O ogon oxtail

ogórek cucumber

ogórkowa pickled cucumber soup

okoń bass/perch

oliwki olives

oliwki nadziewane stuffed olives

omlet omelet

opieńki oyster mushrooms

oranżada orangeade

orzech kokosowy coconut

orzechy nuts

orzechy laskowe hazelnuts

orzechy mieszane assorted nuts

orzechy włoskie walnuts

orzeszki ziemne peanuts

orzeszki ziemne solone salted
peanuts

ostre kiełbaski spicy sausage

ostry sharp/spicy (*flavor*)

ostrygi oysters

ośmiornica octopus

owoce fruit

owoce kandyzowane
candied fruit

owoce morza seafood

owoce z puszki canned fruit

owoc kiwi kiwi fruit

owsianka porridge

ozór tongue

P **panierowany** breaded
(*cutlet, etc.*)

parówki frankfurters

paszteciki pastries filled with meat
or fish

pasztet pâté

**pasztet w
galarecie**
paté in aspic ➤ 43

pączek donut
[doughnut]

perliczka guinea fowl

pieczarki field mushrooms

pieczarki w śmietanie mushrooms
in cream ➤ 43

pieczeń pot roast

pieczona wołowina roast beef

pieczony roasted/baked

pieprz pepper (*condiment*)

pieprzny sos hot pepper sauce

piernik ginger cake

pierogi stuffed dumplings

pierogi z grzybami dumplings
with mushrooms ➤ 48

pierogi z kapustą dumplings with
cabbage ➤ 48

pierogi z mięsem dumplings with
meat ➤ 48

pierogi z owocami dumplings
with fruit ➤ 48

pierogi z serem dumplings with
curd cheese ➤ 48

pierś breast

pierś kurczaka breast of chicken

pietruszka parsnips

pietruszka zielona parsley

pikle pickles

piwo beer

piwo jasne lager

placek tart/pie
(*sweet, savory*)

placek migdałowy
almond tart

placki kartoflane potato
pancakes with sour cream ➤ 48

plaster/plasterek slice

płaszczka skate

płatki śniadaniowe cereal
(*breakfast*)

płotka roach (*carp-like fish*)

podróbki giblets

podwójny double
(*a double shot*)

polędwica tenderloin
(*cut of meat*)

pół butelki half bottle

pomarańcza orange

pomidorowa tomato soup

pomidorowa z makaronem
tomato soup with noodles
➤ 44

pomidory tomatoes

poncz punch

porcja portion

portwine port

pory leeks

potrawa dish

potrawa zimna cold dish

potrawka casserole

prosiak suckling pig

prosty plain

przepiórka quail

przyprawiony seasoned

przyprawy seasoning/spices

pstrąg trout

pulpety meatballs

pyzy round dumplings

R **rabarbar** rhubarb

racuszki small pancakes

racuszki z jabłkami apple
pancakes/fritters ➤ 49

raja ray

rak crayfish

razowy chleb rye bread

rodzynki raisins/sultanas

rolmopsy pickled herring fillet
[rollmop herring]

rosół consommé/broth

rosół z kury chicken broth

rosół z mięsem i jarzynami
meat and vegetable broth

rostbef roast beef

rozmaryn rosemary

różowe blush [rosé]

rukiew wodna watercress

rumsztyk rumpsteak

ryba fish

ryba na parze
steamed fish

ryba pieczona baked fish

ryba smażona fried fish

ryż rice

rzepa turnips

rzeżucha cress

rzeżucha wodna watercress

rzodkiewka radish

S **salceson** pig's head/feet [brawn]

sałatka salad

sałatka jarzynowa mixed cooked vegetable salad ➤ 47

sałatka z kapusty coleslaw

sandacz pike perch

sandacz po polsku pike perch in vegetable stock with hard-boiled eggs ➤ 45

sardynki sardines

sarnina venison

schab loin of pork

schab pieczony ze śliwkami roast pork sirloin with prunes ➤ 46

seler celery root [celeriac]

seler łodygowy celery

ser cheese

serce heart

ser miękki soft cheese

sernik cheese cake

ser owczy ewe's milk cheese

ser pleśniowy blue cheese

ser twardy hard cheese

ser z koziego mleka goat's milk cheese

skarp turbot

słodka papryka sweet red peppers

słodki sweet

słodycze candy [sweets]

słodzik sweetener

smażony fried

smażony na maśle fried in butter

soczewica lentils

sok juice

sok cytrynowy lemon juice

sok owocowy fruit juice

sok pomarańczowy orange juice

sok z limony lime juice

sól salt

sola sole

solony salted

sos sauce

sos budyniowy custard

sos czosnkowy garlic sauce

sos pomidorowy tomato sauce

sos słodko kwaśny sweet and sour sauce

sos z pieczeni gravy

specjalność domu specialty of the house

specjalność regionalna local specialty

specjalność zakładu specialty of the restaurant

stek steak

stek z polędwicy fillet steak

strucla kind of rolled cake

suflet soufflé

surówka coleslaw

surowy raw

suszone daktyle dried dates

suszone śliwki prunes

syrop syrup

szafran saffron

szałwia sage

szarlotka apple pie

szaszłyk shashlik (*lamb/mutton kebab*)

szczaw sorrel

szczawiowa sorrel soup

szczupak pike

szczupak faszerowany stuffed pike with horseradish sauce ➤ 45

szczupak w galarecie pike in aspic ➤ 43

szczypiorek chives

szklanka glass

sznycel breaded pork or veal cutlet

szparagi asparagus

szpinak spinach

szproki sprats (*small herrings*)

sztuka mięsa portion of cooked meat

szynka ham

Ś

śledź herring

śledź marynowany marinated herring

śledź w oliwie herring in oil ➤ 43

śledź w śmietanie herring in sour cream ➤ 43

śliwowica slivovitz (*plum brandy*) ➤ 50

ślimaki snails

śliwki plums

śmietana cream

śniadanie breakfast

świeże daktyle fresh dates

świeże owoce fresh fruit

świeży fresh

T

tarty grated

tłusty fatty

tonik tonic water

tort rich cake/gateau

trufle truffles

truskawki strawberries

trybulka chervil

tuńczyk tuna

twarożek fresh curd cheese/cottage cheese

tymianek thyme

U udziec leg (*cut of meat*)

utarty grated

W wafle waffles

wanilia vanilla

wątłusz hake (*similar to cod*)

wątróbka liver

wątróbka z kurczaka chicken liver

w cieście in batter

w czosnku in garlic

wędliny charcuterie (*shop specializing in pork/cooked-meat products*)

wędzony smoked

węgorz eel

węgorz wędzony smoked eel ➤ 43

wieprzowina pork

winegret vinaigrette [French dressing]

winiak Polish brandy ➤ 50

wino wine

wino deserowe dessert wine

winogrona grapes

winogrona czerwone black grapes

winogrona zielone white grapes

wino musujące sparkling wine

wino stołowe table wine

wiśnie cherries

witlinek whiting

woda water

woda gorąca hot water

woda mineralna mineral water

woda sodowa soda water

woda z lodem iced water

wódka vodka

wódki spirits

w oliwie in oil

wół ox

wołowina beef

w plasterkach sliced

wytrawny dry

Z zając hare

zakąski appetizers/snacks

zapiekany gratin/au gratin

z bąbelkami carbonated [fizzy] (*drinks*)

zboże corn

z cukrem with sugar

z cytryną with lemon

z frytury deep-fried

zielona fasolka green beans

zielony pieprz green peppers

zielona sałata green salad

ziemniaki potato

ziemniaki gotowane boiled potatoes

ziemniaki pieczone roast potatoes

ziemniaki tłuczone mashed/creamed potatoes

zimna zupa cold soup

zimne napoje cold drinks

zioła herbs

zioła mieszane mixed herbs

z kością on the bone

z lodem on the rocks [with ice]

z lodu chilled (*wine, etc.*)

z mlekiem with milk/ white (*coffee*)

z przyprawami hot (*spicy*)

zrazy rolled meat stuffed with pickled cucumber and bacon ➤ 48

zrazy zawijane z ogórkiem kiszonym fillet of beef with pickled cucumber and bacon ➤ 46

z rusztu grilled/barbecued

zupa soup

zupa krem cream soup

zupa jarzynowa vegetable soup

z wody poached

Ż

żeberka spare ribs

żółtko egg yolk

żółty ser hard cheese

żubrówka Bison vodka ➤ 50

żurek sour rye soup

Travel

ESSENTIAL

1/2/3 ticket(s) to …	**Jeden/dwa/trzy bilet/bilety do …** *yeden/dva/t-shi beelet/beeleti do*
To …, please.	**Do/na …, proszę.** *do/na … prrosheh*
one-way [single]	**w jedną stronę** *v-yed-nong' strroneh*
round-trip [return]	**powrotny** *povrrotni*
How much …?	**Ile kosztuje …?** *eeleh koshtooye*

Safety Bezpieczeństwo

Would you accompany me to the bus stop?	**Czy mógłby pan mnie zaprowadzić na przystanek autobusowy?** *chi moogbi pan mn'yeh zaprro-vadjeetch' na pshistanek ahwto-boosovi*
I don't want to … on my own.	**Nie chcę … samemu.** *n'yehtseh … samemoo*
stay here	**zostać tu** *zostatch' too*
walk home	**iść do domu** *eesh'tch' do domoo*
I don't feel safe here.	**Nie czuję się tu bezpiecznie.** *n'yeh chooyeh sh'yeh too besp-yech-n'yeh*

POLICE ➤ 159; EMERGENCY ➤ 224

65

Arrival Przyjazd

Visitors to Poland need to have a valid passport, good for six months after their date of arrival. No visas are required for citizens of most EU countries, the U.S., and Canada. You may bring in duty free, personal items, such as portable electronic equipment, cameras, musical instruments, sporting equipment, etc. Visitors may bring as much cash and traveler's checks as they like, but should declare the amount at the border if it exceeds approximately 2,000 dollars. Souvenirs with a value of $100 or less can be taken out of the country duty free. However, no items manufactured before May 1945 may be exported.

Duty Free Into:	Cigarettes	Cigars	Tobacco	Spirits	Wine
Poland	250	50	250g.	1.25l. or	3l.
Canada	200 and	50 or	500g.	1.1l. or	1.1l.
U.K.	200 or	50 or	250g.	1l. and	2l.
U.S.	200 and	100 and	*	1l. or	1l.

* a reasonable quantity

Passport control Kontrola paszportowa

> **Proszę pana/pani paszport.**   Can I see your passport, please?
> **Jaki jest cel pana/pani wizyty?**   What's the purpose of your visit?
> **Z kim pan/pani jest tutaj?**   Who are you here with?

We have a joint passport.
Mamy wspólny paszport.
mami fspoolni pashporrt

The children are on this passport.
Dzieci są wpisane to tego paszportu.
djye-tch'ee som fpee-saneh do tego pash-porrtoo

I'm here on vacation [holiday]/business.
Przyjechałem tutaj na wakacje/służbowo.
pshi-yehahwem tootuy na vakatsye/swoozh-bovo

I'm just passing through.
Jestem tylko przejazdem.
yestem tilko psheyazdem

I'm going to …
Jadę do … *yadeh do*

I'm on my own.
Jestem sam. *yestem sam*

I'm with my family.
Jestem z rodziną. *yestem z rro-djee-nong'*

I'm with a group.
Jestem w grupie. *yestem v groopyeh*

Customs Odprawa celna

I have only the normal allowances.	**Mam tylko dozwoloną ilość.** *mam tilko dozvo-lonom eelosh'tch'*
It's a gift.	**To jest prezent.** *to yest prrezent*
It's for my personal use.	**To jest do użytku osobistego.** *to yest do oo-zhit-koo oso-bees-tego*
I would like to declare …	**Chciał(a)bym zadeklarować …** *h-tch'yahw(a)-bim zadekla-rrovatch'*

Czy ma pan coś do oclenia?	Do you have anything to declare?
Musi pan zapłacić za to cło.	You must pay duty on this.
Gdzie pan to kupił?	Where did you buy this?
Proszę otworzyć tę torbę.	Please open this bag.
Czy ma pan jeszcze więcej bagażu?	Do you have any more luggage?

I don't understand.	**Nie rozumiem.** *n'ye rrozoomyem*
Does anyone here speak English?	**Czy ktoś tu mówi po angielsku?** *chi ktosh' too moovee po an-gyelskoo*

KONTROLA PASZPORTOWA	passport control
PRZEJŚCIE GRANICZNE	border crossing
ODPRAWA CELNA	customs
NIC DO OCLENIA	nothing to declare
TOWARY DO OCLENIA	goods to declare
TOWARY BEZCŁOWE	duty-free goods

Duty-free shopping Zakupy bezcłowe

What currency is this in?	**W jakiej to jest walucie?** *v yak-yey to yest valootch'yeh*
Can I pay in …	**Czy mogę zapłacić w …** *chi mogeh za-pwahtch'eetch' v*
dollars	**dolarach** *dolarrah*
zloty	**w złotówkach** *v zwotoof-kah*
pounds	**w funtach** *f foontah*

Plane Samolot

Poland's major airline (**LOT**) connects Warsaw to other major
cities: Gdańsk, Szczecin, Poznań, Wrocław, Katowice, Kraków,
and Rzeszów. There are no direct flights between these cities,
except between Poznań and Szczecin.

Tickets and reservations Bilety i rezerwacja

When is the … flight to New York?	**Kiedy jest … samolot do Nowego Jorku?** _k-yedi yest … samolot do novego yorrkoo_
first/next/last	**pierwszy/następny/ostatni** _p-yerrshi/nastempni/ostatnee_
I'd like two … tickets to New York.	**Chciał(a)bym dwa bilety … do Nowego Jorku.** _h-tch'yahw(a)-bim dva beeleti … do novego yorrkoo_
one-way [single]	**w jedną stronę** _v yednom strroneh_
round-trip [return]	**powrotne** _povrrotneh_
first class	**pierwszej klasy** _p-yerrshey klasi_
business/economy class	**w klasie biznesowej/turystycznej** _f klash'yeh biznesovey/toorris-tichney_
How much is a flight to …?	**Ile kosztuje bilet do …?** _eeleh koshtooye beelet do_
Are there any supplements/ reductions?	**Czy są jakieś opłaty dodatkowe/zniżki?** _chi som yakyesh' opwahti dodat-kove/zneesh-kee_
I'd like to … my reservation for flight number …	**Chciał(a)bym … moją rezerwację na samolot rejs numer …** _h-tch'yahw(a)-bim … moyom rrezerr-vatsyeh na samolot reys noomerr_
cancel/change/confirm	**odwołać/zmienić/potwierdzić** _odvo-wahtch'/zm-yen'eetch'/po-tf-yer-djeetch'_

Inquiries about the flight Informacja o lotach

How long is the flight?	**Jak długo trwa lot/przelot?** _yak dwoogo trrfa lot/pshelot_
What time does the plane leave?	**O której odlatuje samolot?** _o ktoorey odlatooyeh samolot_
What time will we arrive?	**O której przylecimy?** _o ktoorey pshile-tch'eemi_
What time do I have to check in?	**O której muszę się odprawić?** _o ktoorey moosheh sh'yeh otprra-veetch'_

Checking in Odprawa

Where is the check-in desk for flight …?

Gdzie jest stanowisko odprawy na lot …? *gdjyeh yest stano-veesko otprravi na lot*

I have …

Mam … *mam*

three suitcases to check in

trzy walizki do odprawy *t-shi valeez-kee do otprravi*

two carry-ons [pieces of hand luggage]

dwa bagaże podręczne *dva bagazheh pod-rrenchneh*

How much hand luggage is allowed free?

Ile mogę mieć bagażu podręcznego? *eeleh mogeh m-yetch' bagazhoo pod-rrenchnego*

Bilet/paszport, proszę.	Your ticket/passport, please.
Czy chciałby pan miejsce przy oknie czy przy przejściu?	Would you like a window or an aisle seat?
Dla palących czy dla nie palących?	Smoking or non-smoking?
Proszę iść do sali odlotów.	Please go through to the departure lounge.
Ile sztuk bagażu ma pan?	How many pieces of baggage do you have?
Ma pan nadwyżkę bagażu.	You have excess baggage.
Musi pan zapłacić dodatkowo … złotych.	You'll have to pay a supplement of … zlotys.
To jest za ciężki/za duży bagaż podręczny.	That's too heavy/large for carry on [hand baggage].
Czy pan się sam pakował?	Did you pack these bags yourself?
Czy ma pan ostre przedmioty lub elektroniczne?	Do they contain any sharp or electronic items?

PRZYLOTY	arrivals
ODLOTY	departures
KONTROLA BEZPIECZEŃSTWA	security check
NIE ZOSTAWIAĆ BAGAŻU BEZ OPIEKI	do not leave bags unattended

BAGGAGE ➤ 71

Information Informacja

Is flight … delayed?	**Czy lot … jest opóźniony?** *chi lot … yest opoozh'n'yoni*
How late will it be?	**O ile jest opóźniony?** *o-eeleh yest opoozh'n'yoni*
Has the flight from … landed?	**Czy wylądował samolot z …?** *chi vilon-dovahw samolot z*
Which gate does flight … leave from?	**Z którego wyjścia odlatuje rejs numer …?** *s ktoorrego viy-sh'tchya odlatooyeh reys noomerr*

Boarding/In-flight Odlot/Na pokładzie

Your boarding card, please.	**Kartę pokładową proszę.** *karrteh pokwa-dovom prrosheh*
Could I have a drink/ something to eat, please?	**Czy mogę dostać coś do picia/jedzenia?** *chi mogeh dostatch' tsosh' do peetchya/yedzen'ya*
Please wake me for the meal.	**Proszę obudzić mnie na posiłek.** *prrosheh o-boo-djeetch' mn'yeh na posh'eewek*
What time will we arrive?	**O której przylatujemy?** *o ktoorrey pshilatoo-yemi*
An air sickness bag, please.	**Proszę torebkę na chorobę lotniczą.** *prrosheh torrep-keh na horro-beh lotnee-chom*

Arrival Przylot

Where is/are the …?	**Gdzie jest …?/Gdzie są …?** *gdjyeh yest/gdjyeh som*
buses	**autobusy** *ahwto-boosi*
car rental	**wynajmowanie samochodów** *vinuymo-van'ye samo-hodoof*
currency exchange	**wymiana waluty/kantor** *vimyana valooti/kantorr*
exit	**wyjście** *viy-sh'tchyeh*
taxis	**taksówki** *taksoofkee*
Is there a bus into town?	**Czy jest autobus do centrum?** *chi yest ahwtoboos do tsentrroom*
How do I get to the … hotel?	**Jak mogę dojechać do hotelu …?** *yak mogeh doyehatch' do hoteloo*

Baggage Bagaż

A tip of 5 zloty is appropriate for a porter, unless there is a price list indicating the rate per bag.

Porter! Excuse me!	**Bagażowy! Proszę!** *bagazhovi prrosheh*
Could you take my luggage to …?	**Proszę zanieść mój bagaż do …** *prrosheh za-n'yesh'tch' mooy bagash do*
a taxi/bus	**taksówki/autobusu** *taksoofkee/ahwtoboosoo*
Where is/are the …?	**Gdzie jest/są …?** *gdjyeh yest/som*
luggage carts [trolleys]	**wózki bagażowe** *vooskee bagazhoveh*
baggage check [left-luggage office]	**przechowalnia bagażu** *psheho-valn'ya bagazhoo*
baggage reclaim	**odbiór bagażu** *odbyoorr bagazhoo*
Where is the luggage from flight …?	**Gdzie jest bagaż z lotu z …?** *gdjyeh yest bagazh z lotoo z*

Loss, damage, and theft
Zguba, uszkodzenie i kradzież

I've lost my baggage.	**Zgubiłem mój bagaż.** *zgoo-beewem mooy bagash*
My baggage has been stolen.	**Ukradli mi bagaż.** *oo-krradlee mee bagash*
My suitcase was damaged.	**Moja walizka została uszkodzona.** *moya valeeska zo-stahwa oo-shko-dzona*
Our baggage has not arrived.	**Nie ma naszego bagażu.** *n'yeh ma nashego bagazhoo*

Jak wygląda pana bagaż?	What does your baggage look like?
Czy ma pan dowód nadania?	Do you have the claim check [reclaim tag]?
Pana bagaż …	Your luggage …
mógł być wysłany do …	may have been sent to …
może dolecieć później dzisiaj	may arrive later today
Proszę przyjść jutro.	Please come back tomorrow.
Proszę zadzwonić pod ten numer, żeby sprawdzić czy pana bagaż doleciał.	Call this number to check if your baggage has arrived.

POLICE ➤ 159; COLOR ➤ 143

Train Pociąg

Poland has a well-developed train network operated by the state-owned **PKP (Polskie Koleje Państwowe)**. Train travel within Poland is relatively cheap. Train fares differ according to the route and type of train you take.

Most trains offer first- and second-class seats. A first-class seat is usually 50 percent more expensive than its second-class equivalent. Fares on non-stop/fast trains are also more expensive than on local trains. Trains which require seat reservations display the letter "R" on both the timetable and the carriage. Major stations are relatively modern and offer travelers the usual facilities.

Be warned that stations and trains are often frequented by pickpockets and thieves, so it is important to be extra vigilant, especially when traveling at night.

Intercity *eenterrtsiti*
A non-stop express train connecting major cities that requires seat reservations.

Pociąg międzynarodowy *potch'yong m-yendzi-narrodovi*
International train.

Pociąg ekspresowy *potch'yong eksprresovi*
A long-distance express train with few stops.

Pociąg pospieszny *potch'yonk posp-yeshni*
A fast train with relatively few stops.

Pociąg osobowy *potch'yong osobovi*
A slow train stopping at all stations.

Pociąg podmiejski *potch'yonk podm-yeyskee*
A slow local train stopping at every station.

Wagon sypialny/sleeping *vagon sip-yalni/sleeping*
A sleeping car, found on longer routes.

Wagon restauracyjny *vagon rrestawh-rratsiyni*
A restaurant car, found on long-distance fast trains.

To the station Do dworca

How do I get to the train station?	**Jak dojść/dojechać do dworca kolejowego?** *yak doysh'tch'/doyehatch' do dvorrtsa koleyovego*
Do trains to Kraków leave from … station?	**Czy pociągi do Krakowa odjeżdżają z dworca …?** *chi po-tch'yon-gee do krrakova od-yezh-juyom z dvorrtsa*
How far is the station?	**Jak daleko do dworca?** *yak daleko do dvorrtsa*
Can I leave my car there?	**Czy mogę tam zostawić mój samochód?** *chi mogeh tam zostaveech' mooy samo-hoot*

At the station Na dworcu

Where is/are the …?	**Gdzie jest/są …?** *gdjeh yest/som*
baggage check [left-luggage office]	**przechowalnia bagażu** *psheho-valn'ya bagazhoo*
currency exchange	**kantor** *kantorr*
information desk	**informacja** *eenforr-mats-ya*
lost and found [lost-property office]	**biuro rzeczy znalezionych** *b-yoorro zhechi znale-zh'yonih*
platforms	**perony** *perroni*
snack bar	**bar** *barr*
ticket office	**kasa biletowa** *kasa beeletova*
waiting room	**poczekalnia** *pochekaln'ya*

WEJŚCIE	entrance
WYJŚCIE	exit
DO PERONÓW	to the platforms
INFORMACJA	information
REZERWACJE	reservations
PRZYJAZDY	arrivals
ODJAZDY	departures

DIRECTIONS ➤ 94

Tickets Bilety

Train tickets must be bought at the ticket office at the station or in town at the tourist office, **Orbis**.

If you need a reservation, your ticket will be automatically sold with **miejscówka** – the reservation component. If reservations are optional, you should make it clear whether or not you want a reservation when you tell the clerk what kind of ticket you want.

Keep an eye on your luggage and personal belongings at all times, as there are thieves and pickpockets operating at train stations and on trains.

I'd like a … ticket to Warsaw.	**Proszę bilet … do Warszawy.** _prrosheh beelet … do varrshavi_
one-way [single]	**w jedną stronę** _v yed-nom strroneh_
round-trip [return]	**powrotny** _povrrotni_
first/second class	**piewszą/drugą klasę** _pyerrshom/drroogom klaseh_
concessionary	**ze zniżką** _ze-zneeshkom_
I'd like to reserve a(n) … seat.	**Chcę zarezerwować miejsce …** _htseh zarrezerr-vovatch' m-yeys-tseh_
aisle	**przy przejściu** _pshi psheysh'tch'yoo_
window	**przy oknie** _pshi okn'yeh_
Is there a sleeping car [sleeper]?	**Czy jest wagon sypialny?** _chi yest vagon sipyalni_
I'd like a(n) … berth.	**Chciał(a)bym … łóżko.** _htch'yahw(a)-bim … wooshko_
upper/lower	**górne/dolne** _goorrne/dolne_

Price Cena

How much is that?	**Ile to kosztuje?** _eeleh to koshtooye_
Is there a reduction for …?	**Czy jest zniżka dla …?** _chi yest zneeshka dla_
children/families	**dzieci/rodziny** _djye-tch'ee/rro-djeeni_
senior citizens	**rencistów** _ren-tch'eestoof_
students	**studentów** _stoodentoof_

Queries Pytania

Do I have to change trains?

Czy muszę się przesiadać?
chi moosheh sh'yeh pshe-sh'yadatch'

Is it a direct train?

Czy to jest bezpośredni pociąg?
chi to yest bespo-sh'rredn'ee potch'yonk

You have to change at …

Musi się pan przesiąść w …
moosh'ee sh'yeh pan pshe-sh'yonsh'tch' v

How long is this ticket valid for?

Jak długo jest ważny bilet?
yak dwoogo yest vazhni beelet

Can I take my bicycle on the train?

Czy mogę wziąć mój rower do pociągu?
chi mogeh vzh'yontch' mooy rroverr do potch'yongoo

Can I return on the same ticket?

Czy mogę wrócić na ten sam bilet?
chi mogeh vrroo-tch'eetch' na ten sam beelet

In which car [coach] is my seat?

W którym wagonie jest moje miejsce?
f-ktoorrim vagon'ye yest moye m-yeys-tseh

Is there a dining car on the train?

Czy jest wagon restauracyjny w pociągu?
chi yest vagon rres-tahwrra-tsiy-ni f potch'yongoo

– Proszę bilet do Krakowa.
(I'd like a ticket to Kraków, please.)
– W jedną stronę czy powrotny? (One-way or round-trip?)
– Powrotny, proszę. (Round-trip, please.)
– Czterdzieści złotch.(That's 40 zloty.)
– Czy muszę się przesiadać?
(Do I have to change trains?)
– Tak, musi się pan przesiąść w Warszawie.
(Yes, you have to change at Warsaw.)
– Dziękuję. Do widzenia. (Thank you. Good-bye.)

Train times Rozkład jazdy

Could I have a timetable?

Czy mogę prosić o rozkład jazdy?
chi mogeh prrosh'eetch' o rroskwat yazdi

When is the … train to Gdańsk?

Kiedy jest … pociąg do Gdańska?
k-yedi yest … potch'yonk do g-dan'ska

first/next/last

pierwszy/następny/ostatni
p-yerrshi/nastempni/ostatnee

How frequent are the trains to …?	**Jak często jeżdżą pociągi do …?** *yak chensto yezh'jom potch'yon-gee do*
once/twice a day	**raz/dwa razy dziennie** *rraz/dva rrazi djyen-n'yeh*
five times a day	**pięć razy dziennie** *p-yen'tch' rrazi djyen-n'yeh*
every hour	**co godzinę** *tso go-djeeneh*
What time do they leave?	**O której godzinie odjeżdżają?** *o ktoorrey go-djeen'yeh od-yezh'ja-yom*
on the hour	**o pełnej godzinie** *o pehwney go-djeen'yeh*
20 minutes past the hour	**dwadzieścia minut po pełnej godzinie** *dva-djyesh'tch'ya meenoot po pehwney go-djeen'yeh*
What time does the train stop at …?	**O której zatrzymuje się pociąg w …?** *o ktoorrey zatshi-mooyeh sh'yeh potch'yonk v*
What time does the train arrive in …?	**O której przyjeżdża pociąg do…?** *o ktoorey pshi-yezh-ja potch'yonk do*
How long is the trip [journey]?	**Jak długo trwa podróż?** *yak dwoogo trr-fa podroosh*
Is the train on time?	**Czy pociąg jest o czasie?** *chi potch'yonk yest o chash'yeh*

Departures Odjazdy

Which platform does the train to … leave from?	**Z którego peronu odjeżdża pociąg do …?** *s ktoorrego peronoo od-yezh-ja potch'yonk do*
Where is platform 4?	**Gdzie jest peron czwarty?** *gdjyeh yest peron ch-farrti*
over there	**tam** *tam*
on the left/right	**na lewo/na prawo** *na levo/na prravo*
Where do I change for …?	**Gdzie muszę się przesiąść do …?** *gdjyeh moosheh sh'yeh pshe-sh'yonsh'tch' do*
How long will I have to wait for a connection?	**Jak długo będę musiał czekać na przesiadkę?** *yak dwoogo bendeh moosh'yahw chekatch' na pshe-sh'yatkeh*

Boarding Wsiadanie

Is this the right platform for …?
Czy to jest dobry peron do …? *chi to yest <u>dob</u>rri <u>per</u>ron do*

Is this the train to …?
Czy to jest pociąg do …? *chi to yest <u>potch</u>'yonk do*

Is this seat taken?
Czy to miejsce jest zajęte? *chi to <u>m-yey</u>-stseh yest za<u>yen</u>teh*

That's my seat.
To moje miejsce. *to <u>moyeh</u> <u>m-yey</u>-stseh*

Here's my reservation.
Proszę, moja miejscówka. *<u>prro</u>sheh <u>moya</u> m-yeyst<u>soof</u>ka*

Are there any seats/ berths available?
Czy są wolne miejsca/łóżka? *chi som <u>vol</u>ne <u>m-yey</u>-stsa/<u>woosh</u>ka*

Do you mind if …?
Czy pozwoli pan, że …? *chi poz<u>vo</u>lee pan zheh*

I sit here
tu usiądę *too oo-<u>sh'yon</u>deh*

I open the window
otworzę okno *ot<u>fo</u>zheh <u>ok</u>no*

On the journey W podróży

How long are we stopping here for?
Na jak długo zatrzymujemy się tutaj? *na yak <u>dwoo</u>go zatshimoo-<u>ye</u>mi sh'yeh <u>too</u>tuy*

When do we get to …?
Kiedy dojedziemy do …? *<u>k-ye</u>di doye-<u>dje</u>mi do*

Have we passed …?
Czy przejechaliśmy …? *chi psheye-<u>ha</u>-leesh'mi*

Where is the dining/ sleeping car?
Gdzie jest wagon restauracyjny/ sypialny? *gdjeh yest <u>va</u>gon restahwrra-<u>tsiy</u>-ni/sip-<u>yal</u>ni*

Where is my berth?
Gdzie jest moje łóżko? *gdjeh yest <u>moye</u> <u>woosh</u>ko*

I've lost my ticket.
Zgubiłem bilet. *zgoo-<u>bee</u>wem <u>bee</u>let*

HAMULEC BEZPIECZEŃSTWA	emergency brake
ALARM	alarm
DRZWI AUTOMATYCZNE	automatic doors

TIME ➤ 220

Long-distance bus [Coach]
Autobus dalekobieżny

State-owned **PKS (Państwowa Komunikacja Samochodowa)** has an extensive network of routes. Local and intercity buses [coaches] are invaluable for places where there are no train connections. **Polski Express**, a privately owned company, operates only on longer routes.

Where is the bus [coach] station?	**Gdzie jest stacja autobów dalekobieżnych?** *gdjyeh yest stats-ya ahwtoboosoof daleko-b-yezh-nih*
When's the next bus [coach] to …?	**Kiedy jest następny autobus do/na …?** *k-yedi yest nastempni ahwtoboos do/na*
Where does it leave from?	**Skąd on odchodzi?** *skont on ot-ho-djee*
Where are the bus stops [coach] bays?	**Gdzie są przystanki autobusów dalekobieżnych?** *gdjyeh som pshi-stankee ahwtoboosoof daleko-b-yezh-nih*
Does the bus [coach] stop at …?	**Czy autobus zatrzymuje się w …?** *chi ahwtoboos zatshi-mooyeh sh'yeh v*
How long does the trip [journey] take?	**Jak długo trwa podróż?** *yak dwoogo trr-fa podrroosh*
Are there refreshments on board?	**Czy jest bufet w autobusie?** *chi yest v ahwto-boosh'yeh*
Are there toilets on board?	**Czy są toalety w autobusie?** *chi som v ahwto-boosh'yeh*

Bus/Streetcar [Tram] Autobus/Tramwaj

Where is the bus station?	**Gdzie jest pętla autobusowa?** *gdjyeh yest pentla ahwtoboo-sova*
Where can I get a bus/ streetcar [tram] to …?	**Gdzie jest autobus/tramwaj do/na …?** *gdjyeh yest ahwtoboos/trramvuy do/na*

Musi pan wsiąść tam, na tamtym przystanku.	You need that stop over there.
Pan potrzebuje autobus numer …	You need bus number …
Musi się pan przesiąść przy …	You must change buses at …

PRZYSTANEK AUTOBUSOWY	bus stop
PALENIE WZBRONIONE	no smoking
WYJŚCIE/WYJŚCIE AWARYJNE	exit/emergency exit

Buying tickets Kupowanie biletów

For information about public transportation ➤ 80.

Where can I buy tickets?	**Gdzie mogę kupić bilety?**
	gdjyeh mogeh koopeetch' beleti
A … ticket to Zakopane, please.	**Proszę bilet … do Zakopanego.**
	prrosheh beelet … do zakopanego
one-way [single]	**w jedną stonę** *v yednom strroneh*
round-trip [return]	**powrotny** *povrrotni*
A book of tickets, please.	**Proszę karnet biletowy.**
	prrosheh karrnet beeletovi
How much is the fare to …?	**Ile kosztuje przejazd do …?**
	eeleh koshtooyeh psheyazd do

Traveling Podróż

Is this the right bus/ streetcar [tram] to …?	**Czy to jest dobry autobus/tamwaj do …?**
	chi to yest dobrri ahwtoboos/trramvuy do
Could you tell me when to get off?	**Czy może mi pan powiedzieć kiedy wysiąść?** *chi mozheh mee pan povye-djyetch' k-yedi vi-sh'yonsh'tch'*
Do I have to change buses?	**Czy muszę się przesiadać?**
	chi moosheh sh'yeh pshe-sh'yadatch'
How many stops are there to …?	**Ile jest przystanków do …?**
	eeleh yest pshistan-koof do
Next stop, please!	**Następny przystanek, proszę!**
	nastempni pshistanek prrosheh

KASA BILETOWA	ticket office
AUTOMAT BILETOWY	ticket vending machine

– Przepraszam. Czy to jest dobry autobus do ratusza?
(Excuse me. Is this the right bus to the town hall?)
– *Tak. Numer osiem. (Yes, number 8.)*
– Proszę bilet do ratusza.
(One ticket to the town hall, please.)
– *Dva złote. (That's 2 zloty.)*
– Czy może mi pan powiedzieć kiedy mam wysiąść?
(Could you tell me when to get off?)
– *Cztery przystanki stąd. (It's four stops from here.)*

NUMBERS ➤ 216; DIRECTIONS ➤ 94

Subway [Metro] Metro

Only Warsaw has a subway system, and so far there is just one line connecting the southern suburb of Kabaty with Centrum opposite **Pałac Kultury** (the Palace of Culture).

Public transportation is very cheap. Tickets for buses, streetcars [trams], and the subway [metro] have to be bought before boarding and are sold at **Ruch** kiosks, newsstands or subway stations. On boarding you must validate your ticket in a punching machine (**kasownik**). Plain-clothes ticket controllers are in operation and unvalidated tickets bring an on-the-spot fine. A ticket is valid for one trip only, so you may find it easier to buy a number of tickets at a time, particularly if you are traveling in the evening or on weekends as kiosks are closed then.

General inquiries Pytania ogólne

Where's the nearest subway [metro] station?	**Gdzie jest najbliższa stacja metra?** *gdjyeh yest nuy-bleesh-sha stats-ya metrra*
Where can I buy a ticket?	**Gdzie mogę kupić bilet?** *gdjyeh mogeh koopeetch' beelet*
Could I have a map of the subway [metro], please?	**Czy mogę prosić mapę metra?** *chi mogeh prrosh'eetch' mapeh metrra*

Traveling Podróż

Is this the right train for …?	**Czy to jest dobry pociąg w kierunku …?** *chi to yest dobrri potch'yonk f k-yerroon-koo*
Which stop is it for …?	**Na którym przystanku muszę wysiąść do …?** *na ktoorim pshistankoo moosheh vi-sh'yonsh'tch' do*
How many stops is it to …?	**Ile jest przystanków do …?** *eeleh yest pshistankoof do*
Is the next stop …?	**Czy następny przystanek to …?** *chi nastempni pshistanek to*
Where are we?	**Gdzie jesteśmy?** *gdjyeh yestesh'mi*
Where do I change for …?	**Gdzie się mam przesiąść w kierunku …?** *gdjyeh sh'yeh mam pshe-sh'yonsh'tch' f k-yeroon-koo*
What time is the last train to …?	**O której jest ostatni pociąg do …?** *o ktoorrey yest ostatnee potch'yonk do*

NUMBERS ➤ 216; BUYING TICKETS ➤ 74, 79

Ferry Prom

Regular ferry services to and from Denmark and Sweden operate from Świnoujście, Gdańsk, and Gdynia. They sail daily or five/six times a week throughout the year.

When is the … ferry to Szczecin?	**Kiedy jest … prom do Szczecina?** _k-yedi yest … prrom do sh-che-tch'eena_
first/next/last	**pierwszy/następny/ostatni** _p-yerrshi/nastempni/ostatn'ee_
hovercraft/ship	**wodolot/statek** _vodolot/statek_
A round-trip [return] ticket for …	**Powrotny bilet do …** _povrrotni beelet do_
one car and one trailer [caravan]	**jeden samochód i jedna przyczepa** _yeden samohoot ee yedna pshichepa_
two adults and three children	**dwoje dorosłych i troje dzieci** _dvoyeh dorros-wih ee trroyeh djyetch'ee_
I want to reserve a … cabin.	**Chcę zarezerwować … kabinę.** _htseh zarrezerr-vovatch' … kabeeneh_
single/double	**pojedynczą/podwójną** _poyedin-chong'/podvooy-nong'_

KOŁO RATUNKOWE	life preserver [life belt]
ŁÓDŹ RATUNKOWA	lifeboat
MIEJSCE ZBIÓRKI	muster station
WSTĘP WZBRONIONY	no access

Boat trips Podróże statkiem

Is there a …?	**Czy jest …?** _chi yest_
boat trip/river cruise	**wycieczka statkiem/rejs po rzece** _vi-tch'yech-ka statk-yem/rreys po zhetseh_
What time does it leave?	**O której odchodzi statek?** _o ktoorrey ot-hodjee statek_
What time does it return?	**O której wraca?** _o ktoorrey vrratsa_
Where can we buy tickets?	**Gdzie możemy kupić bilety?** _gdjyeh mozhemi koopeetch' beeleti_

TIME ➤ 220; BUYING TICKETS ➤ 74, 79

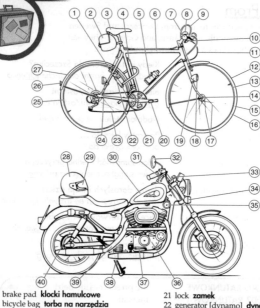

1   brake pad **klocki hamulcowe**
2   bicycle bag **torba na narzędzia**
3   saddle **siodełko**
4   pump **pompka**
5   water bottle **butelka na wodę**
6   frame **rama**
7   handlebars **kierownica**
8   bell **dzwonek**
9   brake cable **linka hamulca**
10 gear shift [lever] **drążek biegów**
11 gear control cable **linka kontrolująca biegi**
12 inner tube **dętka**
13 front/back wheel **przednie/tylne koło**
14 axle **oś**
15 tire [tyre] **opona**
16 wheel **koło**
17 spokes **szprychy**
18 bulb **żarówka**
19 headlamp **światło czołowe**
20 pedal **pedał**

21 lock **zamek**
22 generator [dynamo] **dynamo**
23 chain **łańcuch**
24 rear light **tylne światło**
25 rim **obręcz**
26 reflectors **światełka odblaskowe**
27 fender [mudguard] **błotnik**
28 helmet **kask**
29 visor **osłona**
30 fuel tank **bak**
31 clutch lever **drążek sprzęgła**
32 mirror **lusterko**
33 ignition switch **zapłon**
34 turn signal [indicator] **kierunkowskaz**
35 horn **klakson**
36 engine **silnik**
37 gear shift [lever] **drążek biegów**
38 kick stand [main stand] **podnóżek**
39 exhaust pipe **rura wydechowa**
40 chain guard **osłona na łańcuch**

82

REPAIRS ➤ 89

Bicycle/Motorbike Rower/Motor

Bicycle or motorbike rental is not common in Poland, although you may find rental shops at certain resorts.

I'd like to rent a …	**Chciał(a)bym wynająć …** _htch'yahw(a)-bim vinayontch'_
3-/10-speed bicycle	**rower z trzema/dziesięcioma biegami** _rroverr s-tshema/ djye-sh'yen-tch'yoma b-yegamee_
moped	**moped** _moped_
motorbike	**motor** _motorr_
How much does it cost per day/week?	**Ile to kosztuje za dzień/tydzień?** _eeleh to koshtooyeh za djyen'/tidjyeng'_
Do you require a deposit?	**Czy wymagana jest kaucja?** _chi vimagana yest kahwtsya_
The brakes don't work.	**Hamulce nie działają.** _hamool-tseh n'yeh djawayong'_
There are no lights.	**Nie ma świateł.** _n'yeh ma sh'f-ya-tehw_
The front/rear tire [tyre] has a flat [puncture].	**Przednia/tylna opona jest przebita.** _pshedn'ya/tilna opona yest pshebeeta_

Hitchhiking Autostop

Private cars rarely stop to pick up hitchhikers. Big trucks or commercial vehicles, which are easier to wave down, expect to be paid the equivalent of a bus fare. Public transportation is a better bet.

Where are you heading?	**W którym kierunku pan jedzie?** _f-ktoorrim k-yerroonkoo pan yedjyeh_
I'm heading for …	**Jadę do …** _yadeh do_
Is that on the way to …?	**Czy to po drodze do …?** _chi to po drrodzeh do_
Could you drop me off …?	**Czy mógłby mnie pan wysadzić …?** _chi moogbi mn'yeh pan vi-sa-djeetch'_
here/at …	**tutaj/przy …** _tootuy/pshi_
at the … exit	**przy wyjściu z …** _pshi viy-sh'tch'yoo z_
downtown	**w mieście** _v m-yesh'tch'ye_
Thanks for giving me a lift.	**Dziękuję za podwiezienie.** _djyeng'kooyeh za podv-ye-zh'yen'yeh_

DIRECTIONS ➤ 94; NUMBERS ➤ 216

Taxi/Cab Taksówka

It is always best to use radio-taxis which can be arranged by phone. They are reliable and will not overcharge you. If you hail down a taxi make sure it displays a recognized taxi company name and that the meter is started. A table of fares should be displayed in the taxi. Fares are higher during weekends and public holidays, and there are fare zones in big towns. A taxi should take four passengers.

Where can I get a taxi?	**Gdzie mogę znaleźć taksówkę?** *gdjyeh mogeh znalesh'tch' taksoofkeh*
Do you have the number for a taxi?	**Czy ma pan numer po taksówki?** *chi ma pan noomerr po taksoofkee*
I'd like a taxi …	**Chciał(a)bym zamówić taksówkę …** *htch'yahw(a)-bim zamooveetch' taksoofkeh*
now/in an hour	**od zaraz/za godzinę** *od zarras/za go-djeeneh*
for tomorrow at 9:00	**na jutro o dziewiątej rano** *na yootrro o djye-vyontey rrano*
The pick-up address is …, going to …	**Mój adres …, jadę do …** *mooy adrres … yadeh do*

◎ WOLNA	for hire ◎
Please take me to (the) …	**Proszę mnie zawieźć …** *prrosheh mn'yeh zavyesh'tch'*
airport/train station/ this address	**na lotnisko/na dworzec/pod ten adres** *na lotn'eesko/na dvozhets/pot ten adrres*
How much will it cost?	**Ile to będzie kosztować?** *eeleh to ben-djyeh kosh-tovatch'*
How much is that?	**Ile to jest?** *eeleh to yest*
Keep the change.	**Proszę zatrzymać resztę.** *prrosheh za-tshimatch' reshteh*

– Proszę mnie zawieźć na dworzec.
(Please take me to the train station.)
– *Proszę bardzo.(Certainly.)*
– Ile to będzie kosztować? (How much will it cost?)
– *Dwadzieścia cztery złote. … Jesteśmy na miejscu.*
(24 zloty. … Here we are.)
– Dziękuję. Proszę zatrzymać resztę.
(Thank you. Keep the change.)

Car/Automobile Samochód

To drive a car in Poland you will need to have a valid
driver's license, car registration card, and insurance. If your
insurance is not valid for Poland, you will need to purchase
an additional policy before you arrive.

Driving conditions on main roads are generally good. There are plenty of
gas stations throughout the country, and a breakdown service (**Pomoc
Drogowa**) is available.

You should drive with your headlights on from November until March,
even during daylight hours. Seat belts are required for the driver and the
front-seat passenger. The alcohol limit is virtually zero (0.02%).

There are frequent police radar speed checks on the roads, and fines for
speeding are severe.

Conversion chart

km	1	10	20	30	40	50	60	70	80	90	100	110	120	130
miles	0.62	6	12	19	25	31	37	44	50	56	62	68	74	81

Speed limits

Speed limits	Cars
Residential/Built-up areas	60 kmph (37 mph)
General	90 kmph (56 mph)
Highway [Motorway]	110 kmph (68 mph)

Fuel Benzyna

It is important to be aware that not all gas [petrol] stations take credit
cards, especially Polish companies like **CPN** and **Rafineria Gdańska**.
International chains (BP, Shell, Texaco, etc.), however, do accept major
credit cards.

	Premium [Super]	Regular
Leaded **ołowiowa** *owov'yova*	**czerwona 98** *cherrvona djyev-yen'- djyesh'yont osh'yem*	**zółta 94** *zhoowta djyev-yen'- djyesh'yont ch-terri*
Unleaded **bez ołowiowa** *bez owov'yova*	**zielona super 98** *zh'yelona sooper djyev-yen'- djyesh'yont osh'yem*	**zielona 95** *zh'yelona djyev-yen'- djyesh'yont p-yen'ch'*
Diesel **do silników diesla** *do sh'eeln'eekoov deezla*		

Car rental Wynajmowanie samochodów

You can rent cars in Poland from Avis, Hertz, and Budget, but it is not cheap. To rent a car you have to be 21 or 23, depending on the company. You must also have a valid passport, driver's license held for at least one year, and credit card. With some exceptions, it is generally not allowed to take the car outside Poland.

Where can I rent a car?	**Gdzie mogę wynająć samochód?** *gdjyeh mogeh vinayontch' samohoot*
I'd like to rent a(n) …	**Chcę wynająć …** *htseh vinayontch'*
2-/4-door car	**dwudrzwiowy/czterodrzwiowy samochód** *dvoo-jv-yovi/ch-terro-jv-yovi samohoot*
automatic	**z automatyczną skrzynią biegów** *z ahwtoma-tichnom skshi-n'yom b-yegoof*
car with 4-wheel drive	**samochód z napędem czterokołowym** *samohoot z napendem ch-terroko-wovim*
car with air conditioning	**samochód z klimatyzacją** *samohoot s kleemati-zats-yong'*
I'd like it for a day/week.	**Chcę go na dzień/tydzień.** *htseh go na djyeng'/tidjyeng'*
How much does it cost per day/week?	**Ile to kosztuje za dzień/tydzień?** *eeleh to koshtooyeh za djyeng'/tidjyeng'*
Is insurance included?	**Czy ubezpieczenie jest wliczone?** *chi oo-besp-ye-chen'yeh yest vleechoneh*
Are there special weekend rates?	**Czy są specjalne stawki weekendowe?** *chi som spets-yalneh stafkee weekendoveh*
Can I return the car at …?	**Czy mogę zwrócić samochód do …?** *chi mogeh zvrroo-tch'eetch' samohoot do*
What kind of fuel does it take?	**Na jakiej benzynie on jeździ?** *na yak-yey benzin'yeh on yezh'djee*
Where is the high [full]/ low [dipped] beam?	**Gdzie są długie/krótkie światła?** *gdjyeh som dwoog-yeh/krrootk-yeh sh'f-yatwa*
Could I have full insurance?	**Chcę mieć pełne ubezbpieczenie.** *htseh m-yetch' pehwneh oo-besp-ye-chen'yeh*

Gas [Petrol] station Stacja benzynowa

Where's the next gas [petrol] station, please?	**Przepraszam, gdzie jest najbliższa stacja benzynowa?** *psheprrasham gdjyeh yest nuy-bleesh-sha stats-ya benzinova*
Is it self-service?	**Czy tu jest samoobsługa?** *chi too yest samo-opswooga*
Fill it up, please.	**Proszę nalać do pełna.** *prrosheh nalatch' do pehwna*
... liters, please.	**... litrów, proszę.** *leetroof prrosheh*
premium [super]/regular	**czerwona/żółta** *cherrvona/zhoowta*
unleaded/diesel	**bezołowiowa/diesel** *bez-owov-yova/deezel*
I'm at pump number ...	**Jestem przy pompie numer ...** *yestem pshi pomp-yeh noomerr*
Where is the air pump/water?	**Gdzie jest kompresor/woda?** *gdjyeh yest komprresorr/voda*

CENA ZA LITR	price per liter

Parking Parking

Parking lots are clearly marked with the standard parking signs and are either free (**bezpłatny**), metered (**płatny**), or with an attendant to take the fee (**strzeżony**). A number of parking meters have been introduced in large towns. In addition, unless signs state otherwise, cars may be parked on the sidewalk [pavement], provided a minimum 1.5 meter walkway is left for pedestrians. There are heavy fines for cars left in no-parking zones, and cars parked dangerously will be towed away. Wheel clamps are also used.

Is there a parking lot [car park] nearby?	**Czy jest tu niedaleko parking?** *chi yest too n'yedaleko parrkeenk*
What's the charge per hour/day?	**Ile kosztuje za godzinę/dzień?** *eeleh koshtooyeh za godjeeneh/djyeng'*
Do you have some change for the parking meter?	**Czy ma pan drobne na parkometr?** *chi ma pan drrobneh na parr-kometr*
My car has been booted [clamped]. Who do I call?	**Mój samochód ma zablokowane koło. Gdzie mam zadzwonić?** *mooy samohoot ma zabloko-vaneh kowo. gdjyeh mam zadzvon'eetch'*

NUMBERS ➤ 216; DIRECTIONS ➤ 94

Breakdown Awaria

Breakdown services (**Pomoc Drogowa**) are provided by the Polish Motoring Association (**PZMot**). They have offices in all large towns and at the border crossings.
The nationwide breakdown number is ☎ 981.

Where is the nearest garage?	**Gdzie jest najbliższy garaż?** *gdjyeh yest nuy-bleesh-shi garrash*
My car broke down.	**Mój samochód się zepsuł.** *mooy samohoot sh'yeh zepsoow*
Can you send a mechanic/ tow [breakdown] truck?	**Czy możecie wysłać mechanika/pomoc drogową?** *chi mozhetch'yeh viswutch' mehaneeka/pomots drro-govom*
I'm a member of …	**Jestem członkiem …** *yestem ch-wonk-yem*
My license plate [registration] number is …	**Mój numer rejestracyjny jest …** *mooy noomerr rreyestra-tsiy-ni yest*
The car is …	**Samochód jest …** *samohoot yest*
on the highway [motorway]	**na autostradzie** *na ahwto-strradj-yeh*
2 km from …	**dwa kilometry od …** *dva keelometrri ot*
How long will you be?	**Jak długo będę czekać?** *yak dwoogo bendeh chekatch'*

What's wrong? W czym problem?

My car won't start.	**Nie mogę uruchomić samochodu.** *n'yeh mogeh oo-rroo-homeetch' samohodoo*
The battery is dead.	**Akumulator jest wyczerpany.** *akoomoolatorr yest vicherrpani*
I've run out of gas [petrol].	**Zabrakło mi benzyny.** *zabrrakwo mee benzini*
I have a flat [puncture].	**Mam przebitą oponę.** *mam pshebeetom oponeh*
There is something wrong with …	**Mam problem z …** *mam problem s*
I've locked the keys in the car.	**Zatrzasnąłem kluczyki w samochodzie.** *za-tshas-nowem klootchikee f-samo-hodjyeh*

TELEPHONING ➤ 127; CAR PARTS ➤ 90–91

Repairs Reperacje

Do you do repairs? **Czy robicie tu naprawy?**
chi rrobeetch'yeh too naprravi

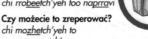

Can you repair it? **Czy możecie to zreperować?**
chi mozhetch'yeh to zrrepe-rrovatch'

Please make only essential repairs. **Proszę zrobić tylko niezbędne reperacje.**
prrosheh zrrobeetch' tilko n'yez-bendne rreperrats-ye

Can I wait for it? **Czy mam poczekać na to?**
chi mam pochekatch' na-to

Can you repair it today? **Czy możecie to zreperować dzisiaj?**
chi mozhetch'yeh to zrreperrovatch' djeesh'yuy

When will it be ready? **Kiedy to będzie gotowe?**
k-yedi to bendj-yeh gotoveh

How much will it cost? **Ile to będzie kosztowało?**
eeleh to bendj-yeh koshto-vahwo

That's outrageous! **To horrendalna cena!**
to horrendalna tsena

Can I have a receipt for my insurance? **Proszę o pokwitowanie dla mojego ubezpieczenia.** *prrosheh o pokfeeto-van'yeh dla moyego oo-besp-ye-chen'ya*

… nie działa.	The … isn't working.
Nie mam potrzebnych części.	I don't have the necessary parts.
Będę musiał zamówić te części.	I will have to order the parts.
Mogę zreperować to prowizorycznie.	I can only repair it temporarily.
Pana samochodu nie da się już zreperować.	Your car is beyond repair.
Tego nie da się zreperować.	It can't be repaired.
Będzie gotowy …	It will be ready …
później dzisiaj	later today
jutro	tomorrow
za … dni	in … days

DAYS OF THE WEEK ➤ 218; NUMBERS ➤ 216

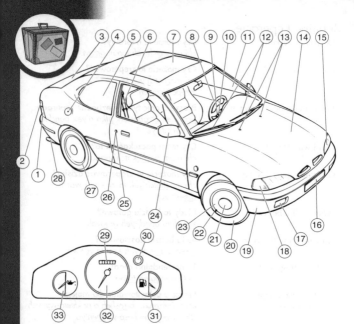

1 taillights [back lights] **tylne światła**
2 brake lights **stopy**
3 trunk [boot] **bagażnik**
4 gas tank door [petrol cap] **wlew do baku**
5 window **okno**
6 seat belt **pas bezpieczeństwa**
7 sunroof **szyberdach**
8 steering wheel **kierownica**
9 ignition **zapłon**
10 ignition key **kluczyk**
11 windshield [windscreen] **szyba przednia**
12 windshield [windscreen] wipers **wycieraczki**
13 windshield [windscreen] washer **spryskiwacz szyby**
14 hood [bonnet] **maska**

15 headlights **reflektory**
16 license [number] plate **numer rejestracyjny**
17 fog lamp **lampa przeciwmgielna**
18 turn signals [indicators] **kierunkowskazy**
19 bumper **zderzak**
20 tires [tyres] **opony**
21 wheel cover [hubcap] **dekiel**
22 valve **wentyl**
23 wheels **koła**
24 outside [wing] mirror **lusterko boczne**
25 automatic locks [central locking] **zamek centralny**
26 lock **zamek**
27 wheel rim **felga**
28 exhaust pipe **rura wydechowa**

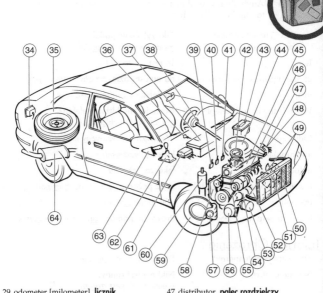

29 odometer [milometer] **licznik**
30 warning light **światełko ostrzegawcze**
31 fuel gauge **wskaźnik benzyny**
32 speedometer **szybkościomierz**
33 oil gauge **wskaźnik oleju**
34 backup [reversing] lights
   światła wsteczne
35 spare tire [wheel] **koło zapasowe**
36 choke **ssanie**
37 heater **ogrzewanie**
38 steering column **kolumna sterownicza**
39 accelerator **gaz**
40 pedal **pedał**
41 clutch **sprzęgło**
42 carburetor **karburator**
43 battery **akumulator**
44 air filter **filtr powietrza**
45 camshaft **wał rozrządczy**
46 alternator **prądnica**

47 distributor **palec rozdzielczy**
48 points **świece**
49 radiator hose (top/bottom)
   dopływ chłodnicy (górny/dolny)
50 radiator **chłodnica**
51 fan **wiatrak**
52 engine **silnik**
53 oil filter **filtr oleju**
54 starter [starter motor] **starter**
55 fan belt **pasek klinowy**
56 horn **klakson**
57 brake pads **klocki hamulcowe**
58 transmission [gearbox] **skrzynia biegów**
59 brakes **hamulce**
60 shock absorbers **amortyzatory**
61 fuses **bezpieczniki**
62 gear shift [lever] **drążek biegów**
63 handbrake **hamulec ręczny**
64 muffler [silencer] **tłumik**

Accidents Wypadki

Anybody involved in a serious road accident by law has to call the traffic police.

There has been an accident.	**Zdarzył się wypadek.** _z-dazhiw sh'yeh vipadek_
It's …	**To jest …** _to yest_
on the highway [motorway]	**na autostradzie** _na ahwtostrradj-yeh_
near …	**niedaleko …** _n'yedaleko_
Where's the nearest telephone?	**Gdzie jest najbliższy telefon?** _gdjyeh yest nuybleesh-shi telefon_
Call …	**Wezwijcie …** _vez-veey-tch'yeh_
an ambulance	**karetkę** _karretkeh_
a doctor	**lekarza** _lekazha_
the fire department [brigade]	**straż pożarną** _strrash pozharr-nom_
the police	**policję** _poleets-yeh_
Can you help me, please?	**Proszę mi pomóc.** _prrosheh mee pomoots_

Injuries Obrażenia

There are people injured.	**Są ranni.** _som rran-n'ee_
No one is hurt.	**Nikt nie jest ranny.** _n'eekt n'yeh yest rran-ni_
He's seriously injured.	**On jest ciężko ranny.** _on yest tch'yenshko rran-ni_
She's unconscious.	**Ona jest nieprzytomna.** _ona yest n'yepshi-tomna_
He can't breathe.	**On nie może oddychać.** _on n'yeh mozheh ot-dihatch'_
He can't move.	**On nie może się ruszać.** _on n'yeh mozheh sh'yeh rroo-shatch'_
Don't move him!	**Nie ruszajcie go!** _n'yeh roo-shaytch'yeh go_

ACCIDENT & INJURY ➤ 162; DIRECTIONS ➤ 94

Legal matters Sprawy formalne

What's your insurance company?	**Jakie jest pana biuro ubezpieczeniowe?** <u>yak</u>-yeh yest <u>pa</u>na <u>b-yo</u>orro oobesp-yeche-<u>n'yo</u>veh
What's your name and address?	**Proszę podać nazwisko i adres.** <u>prro</u>sheh <u>po</u>datch' naz<u>vee</u>sko ee <u>a</u>drres
The car ran into me.	**Samochód najechał na mnie.** sa<u>mo</u>hoot na-<u>ye</u>hahw <u>na</u>-mn'yeh
The car was going too fast/ driving too close.	**Samochód jechał za szybko/za blisko.** sa<u>mo</u>hoot <u>ye</u>hahw za <u>shi</u>pko/za <u>blee</u>sko
I had the right of way.	**Miałem pierszeństwo przejazdu.** <u>mee</u>ahwem p-yerr<u>sheng</u>'stfo pshe<u>ya</u>zdoo
I was (only) driving ... kmph.	**Jechałem (tylko) ... kilometrów na godzinę.** ye<u>ha</u>hwem (<u>til</u>ko) ... keelo-<u>me</u>trroof na go<u>djee</u>eneh
I'd like an interpreter.	**Proszę o tłumacza.** <u>prro</u>sheh o twoo<u>ma</u>cha
I didn't see the sign.	**Nie widziałem znaku.** n'yeh vee<u>djya</u>hwem <u>zna</u>koo
This person saw it happen.	**Ta osoba jest świadkiem.** ta o<u>so</u>ba yest <u>sh'f</u>-yatk-yem
The license plate [registration number] was ...	**To był numer rejestracyjny ...** to biw <u>noo</u>merr rreyestrra-<u>tsiy</u>-ni

Czy mogę zobaczyć pana ...	Can I see your ..., please?
prawo jazdy	driver's license [licence]
kartę ubezpieczeniową	insurance card
papiery rejestracyjne	vehicle registration document
Kiedy to się stało?	What time did it happen?
Gdzie to się stało?	Where did it happen?
Czy jeszcze ktoś inny brał w tym udział?	Was anyone else involved?
Czy są świadkowie?	Are there any witnesses?
Jechał pan za szybko.	You were speeding.
Pana światła nie działają.	Your lights aren't working.
Będzie musiał pan zapłacić karę (na miejscu).	You'll have to pay a fine (on the spot).
Musi pan złożyć zeznanie w komisariacie.	You have to make a statement at the station.

TIME ➤ 220

Asking directions Pytanie o drogę

Excuse me. | **Przepraszam. Jak dojechać do …?**
How do I get to …? | *psheprrasham. yak do-yehatch' do*

Where is …? | **Gdzie jest …?** *gdjyeh yest*

Can you show me where I am on the map? | **Czy może mi pan pokazać na mapie gdzie jestem?** *chi mozheh mee pan pokazatch' na map-yeh gdjyeh yestem*

I've lost my way. | **Zgubiłem się.** *zgoobeewem sh'yeh*

Can you repeat that, please? | **Czy może pan to powtórzyć?** *chi mozheh pan to poftoozhitch'*

More slowly, please. | **Jeszcze wolniej, proszę.** *yesh-cheh voln'yey prrosheh*

Thanks for your help. | **Dziękuję za pomoc.** *djyen'kooyeh za pomots*

Traveling by car Podróż samochodem

Is this the right road for …? | **Czy to jest właściwa droga do/na …?** *chi to yest v-wahsh'tch'eeva droga do/na*

Is it far? | **Czy to daleko?** *chi to daleko*

How far is it to … from here? | **Jak daleko jest stąd do/na …?** *yak daleko yest stont do/na*

Where does this road lead? | **Dokąd prowadzi ta droga?** *dokont prrovadjee ta droga*

How do I get onto the highway [motorway]? | **Jak mam się dostać na autostradę?** *yak mam sh'yeh dostatch' na ahwtostrradeh*

What's the next town called? | **Jak się nazywa następne miasto?** *yak sh'yeh naziva nastempneh m-yasto*

– Przepraszam. Jak dojechać do dworca?
(Excuse me, please. How do I get to the train station?)

– Trzecią w prawo i prosto do dworca.
(Take the third right and then go straight.)

– Trzecią w prawo. Czy to daleko?
(Third street on the right. Is it far?)

– Dziesięć minut na piechotę. (It's 10 minutes on foot.)

– Dziękuję za pomoc. (Thanks for your help.)

– Nie ma za co. (You're welcome.)

Location Lokalizacja

To jest ...	It's ...
na wprost	straight ahead
na lewo	on the left
na prawo	on the right
na końcu ulicy	at the end of the street
na rogu	on the corner
za rogiem	around the corner
w kierunku ...	in the direction of ...
na przeciwko .../za ...	opposite .../behind ...
przy .../za ...	next to .../after ...
Proszę iść ...	Go down the ...
boczną/główną ulicą	side/main street
Przez ...	Cross the ...
plac/most	square/bridge
Skręcić w trzecią w prawo.	Take the third right.
Skręcić w lewo ...	Turn left ...
za pierwszymi światłami	after the first traffic light
za drugim skrzyżowaniem	at the second intersection [junction]

By car Samochodem

To jest stąd na ...	It's ... of here.
północ/południe	north/south
wschód/zachód	east/west
Proszę jechać drogą na ...	Take the road for ...
Jest pan na złej drodze.	You're on the wrong road.
Będzie pan musiał wrócić do ...	You'll have to go back to ...
Proszę jechać po znakach do ...	Follow the signs for ...

How far? Jak daleko?

To jest ...	It's ...
blisko/daleko	close/a long way
pięć minut na piechotę	5 minutes on foot
dziesięć minut samochodem	10 minutes by car
około stu metrów ulicą	about 100 meters down the road
około dziesięcu kilometrów stąd	about 10 kilometers away

TIME ➤ 220; NUMBERS ➤ 216

Road signs Znaki drogowe

OBJAZD	detour [diversion]
JECHAĆ WOLNO	drive slowly
NIE WYPRZEDZAĆ	no passing [overtaking]
ULICA JEDNOKIERUNKOWA	one-way street
DROGA ZAMKNIĘTA	road closed
SZKOŁA	school zone [path]
STOP	stop
ZAPALIĆ ŚWIATŁA	use headlights

Town plans Plany miasta

bank	bank
boisko	playing field [sports ground]
dom towarowy	department store
dworzec kolejowy	train station
informacja	information office
Jesteś tutaj.	You are here.
kino	movie theater [cinema]
komisariat	police station
kościół	church
lotnisko/port lotniczy	airport
park	park
parking	parking lot [car park]
poczta	post office
postój taksówek	taxi stand [rank]
przejście dla pieszych	pedestrian crossing
przystanek autobusowy	bus stop
stacja metra	subway [metro] station
stadion	stadium
szkoła	school
szpital	hospital
teatr	theater
trasa autobusowa	bus route
tylko dla pieszych	pedestrian zone [precinct]
ulica główna/ulica handlowa	main [high] street/shopping street

Sightseeing

Tourist information office
Biuro informacji turystycznej

Every large town and city has a tourist information office. They are usually located in the center of town and some display the sign *it*. Tourist information can also be obtained from **Orbis** and **PTTK** (the Polish Tourist Organization).

Where's the tourist office?	**Gdzie jest biuro informacji turystycznej?** _g-djeh yest b-yoorro eenforr-mats-yee toorris-tichney_
What are the main points of interest?	**Co tu warto zobaczyć?** _tso too varrto zobachitch'_
We're here for …	**Jesteśmy tutaj na …** _yestesh'mi tootuy na_
a few hours	**kilka godzin** _keelka go-djeen_
a day	**jeden dzień** _yeden djyen'_
a week	**tydzień** _ti-djyen'_
Can you recommend a(n)…?	**Czy może pan polecić …?** _chi mozheh pan poletch'eetch'_
sightseeing tour	**wycieczkę po mieście** _vi-tch'yechkeh po m-yesh'tch'yeh_
excursion	**wycieczkę za miasto** _vi-tch'yechkeh za miasto_
boat trip	**przejażdżkę statkiem** _pshe-yash-ch-keh statk-yem_
Do you have any information on …?	**Czy ma pan informację o …?** _chi ma pan eenforr-mats-yeh o_
Are there any trips to …?	**Czy są jakieś wycieczki do …?** _chi song' yak-yesh' vi-tch'yetch-kee do_

DAYS OF THE WEEK ➤ 218; DIRECTIONS ➤ 94

Excursions Wycieczki

How much does the tour cost?	**Ile kosztuje ta wycieczka?** _eeleh kosht<u>oo</u>yeh ta vi-<u>tch'yetch</u>-ka_
Is lunch included?	**Czy w cenę wliczony jest lunch?** _chi f-tseneh <u>v-lee</u>choni yest lunch_
Where do we leave from?	**Skąd odjeżdżamy?** _skond od-yezh-<u>jami</u>_
What time does the tour start?	**O której zaczyna się ta wycieczka?** _o-<u>k-toor</u>rey za<u>chi</u>na sh'yeh ta vi-<u>tch'yetch</u>-ka_
What time do we get back?	**O której wracamy?** _o <u>k-toor</u>rey vrra-<u>tsa</u>mi_
Do we have free time in …?	**Czy mamy czas wolny w …?** _chi <u>ma</u>mi chas <u>vol</u>ni v_
Is there an English-speaking guide?	**Czy mamy mówiącego po angielsku przewodnika?** _chi <u>ma</u>mi moov-yon-<u>tse</u>go po an-<u>g-ye</u>lskoo pshevod-<u>n'ee</u>ka_

On tour Na wycieczce

Are we going to see …?	**Czy zobaczymy …?** _chi zoba<u>chi</u>mi_
We'd like to have a look at the …	**Chciał(a)bym zobaczyć …** _h-tch'yahw(a)-bim zo<u>ba</u>chitch'_
Can we stop here …?	**Czy możemy się tu zatrzymać …?** _chi mo<u>zhe</u>mi sh'yeh too zat-<u>shi</u>match' v_
to take photographs	**żeby zrobić zdjęcia** _<u>zhe</u>bi zrrobeetch' z-d-yen'-tch'ya_
to buy souvenirs	**żeby kupić pamiątki** _<u>zhe</u>bi <u>koo</u>-peetch' pam-yont-kee_
to use the bathrooms [toilets]	**żeby pójść do toalety** _<u>zhe</u>bi pooy-sh'tch' do to-a<u>le</u>ti_
Would you take a photo of us, please?	**Czy mógłby pan zrobić nam zdjęcie?** _chi <u>moog</u>-bi pan z-robeetch' nam z-d-yen'-tch'yeh_
How long do we have here in …?	**Jak długo będziemy tutaj/w…?** _yak <u>d-woo</u>go bendj-yemi <u>too</u>tuy/v_
Wait! … isn't back yet.	**Proszę poczekać, pan … jeszcze nie wrócił.** _<u>prro</u>sheh po<u>che</u>katch' pan … yesh-cheh n'yeh <u>v-roo</u>-tch'eew_

98

Sights Atrakcje turystyczne

Where is the …?	**Gdzie jest …?** g-djyeh yest
art gallery	**galeria sztuki** galer-ya sh-tookee
battle site	**pole bitwy** poleh beet-fi
botanical garden	**ogród botaniczny** ogrrood botan'eechni
castle	**zamek** zamek
cathedral	**katedra** katedrra
cemetery	**cmentarz** tsmentash
church	**kościół** kosh'tch'yoow
downtown area	**centrum** tsentrroom
fountain	**fontanna** fontan-na
historic site	**miejsce historyczne** m-yeys-tseh heesto-rrichneh
market	**rynek/targ/bazar** rrinek/tarrg/bazarr
(war) memorial	**pomnik (wojenny)** pom-n'eek voyen-ni
monastery	**klasztor** klashtorr
museum	**muzeum** moo-ze-oom
old town	**stare miasto** starreh m-yasto
opera house	**opera** operra
palace	**pałac** pahwahts
park	**park** parrk
parliament building	**budynek Sejmu** boodinek seymoo
ruins	**ruiny** rroo-ee-ni
shopping area	**centrum handlowe** tsentrroom handloveh
statue	**pomnik** pom-n'eek
theater	**teatr** te-atrr
tower	**wieża** v-yezha
town hall	**ratusz** rratoosh
viewpoint	**punkt obserwacyjny** poon-kt opserrva-tsiy-ni
Can you show me on the map?	**Czy może mi pan pokazać na mapie?** chi mozheh mee pan pokazatch' na map-yeh

DIRECTIONS ➤ 94

Admission Wstęp

Museums are generally open Tuesday through Saturday from 10 a.m. to 6 p.m. Some may also be open on Sundays, and it is worth checking days and business hours before a visit.

Is the ... open to the public?	**Czy ... jest otwarty dla publiczności?** *chi ... yest ot-farrti dla poob-leech-nosh'tch'ee*
Can we look around?	**Czy możemy to obejrzeć?** *chi mozhemi to o-bey-zhetch'*
What are the opening hours?	**Jakie są godziny otwarcia?** *yak-yeh som go-djeeni ot-farrtch'ya*
When does it close?	**Kiedy zamykają?** *k-yedi zamikayom*
Is ... open on Sundays?	**Czy ... jest otwarte w niedzielę?** *chi ... yest ot-farrteh v-n'ye-djyeleh*
When's the next guided tour?	**Kiedy jest następna grupa z przewodnikiem?** *k-yedi yest nastemp-na grroopa s pshevod-n'eek-yem*
Do you have a guidebook (in English)?	**Czy macie przewodnik (po angielsku)?** *chi match'ye pshevod-neek po an-g-yelskoo*
Can I take photos?	**Czy mogę fotografować?** *chi mogeh fotogra-fovatch'*
Is there access for the disabled?	**Czy jest dostęp dla niepełnosprawnych?** *chi yest dostemp dla n'ye-pehwno-sprrav-nih*
Is there an audioguide in English?	**Czy jest przewodnik słuchawkowy po angielsku?** *chi yest pshe-vodn'eek swoohaf-kovi po an-g-yelskoo*

Paying/Tickets Płacenie/Bilety

... tickets, please.	**... bilety, proszę.** *beeleti prrosheh*
How much is the entrance fee?	**Ile kosztuje wstęp?** *eeleh koshtooyeh f-stemp*
Are there any reductions for ...?	**Czy są zniżki dla ...?** *chi som z-n'eesh-kee dla*
children/students	**dzieci/studentów** *djye-tch'ee/stoodentoof*
groups/senior citizens	**grup/rencistów** *grroop/rren-tch'eestoof*
the disabled	**niepełnosprawnych** *n'ye-pehwno-sprrav-nih*
One adult and two children, please.	**Jeden dorosły i dwoje dzieci, proszę.** *yeden dorroswi ee d-voyeh djye-tch'ee prrosheh*
I've lost my ticket.	**Zgubiłem mój bilet.** *zgoo-beewem mooy beelet*

– Pięć biletów, proszę. Czy są jakieś zniżki?
(Five tickets, please. Are there any reductions?)
– Tak. Dzieci i renciści po dwa złote.
(Yes. Children and senior citizens are 2 zloty.)
– Dwoje dorosłych i troje dzieci.
(Two adults and three children, please.)
– Czternaście złotych, proszę.
(That's 14 zloty, please.)

WSTĘP WOLNY	free admission
OTWARTE	open
ZAMKNIĘTE	closed
PAMIĄTKI	gift shop
OSTATNI WSTĘP O 17.00	latest entry at 5 p.m.
NASTĘPNA GRUPA Z PRZEWODNIKIEM O …	next tour at …
WSTĘP WZBRONIONY	no entry
FOTOGRAFOWANIE Z FLESZEM WZBRONIONE	no flash photography
FOTOGRAFOWANIE WZBRONIONE	no photography

Impressions Wrażenia

It's …	**To jest …** *to yest*
amazing	**zdumiewające** *z-doom-yevayon-tseh*
beautiful	**piękne** *p-yen'k-neh*
bizarre	**dziwne** *djeev-neh*
incredible	**nie do wiary** *n'yeh do vyarri*
interesting / boring	**interesujące/nudne** *een-terresoo-yon-tseh/nood-neh*
lots of fun	**świetna zabawa** *sh'vyetna zabava*
magnificent	**wspaniałe** *f-span-yaweh*
romantic	**romantyczne** *rroman-tichneh*
strange / superb	**dziwne/znakomite** *djeev-neh/znako-meeteh*
terrible / ugly	**okropne/brzydkie** *okrrop-neh/bzhit-k-yeh*
It's a good value.	**To bardzo tanio.** *to barrdzo tan-yo.*
It's a rip-off.	**To zdzierstwo.** *to z-djyerrst-fo*
I like / don't like it.	**To mi się podoba/nie podoba.** *to mee sh'yeh podoba/n'yeh podoba*

101

Tourist glossary
Słowniczek turysty

absyda apse
akwaforta etching
akwarela watercolor
alkowa alcove
apartamenty (królewskie)
  apartments (royal)
belka beam
biblioteka library
biżuteria jewelry
blanki (murów obronnych)
  battlement(s)
broń weapon
budynek building
cegła brick
cesarzowa empress
cień shadow
cmentarz cemetery
czcionka font
dach roof
detal detail
drewno wood
drzwi door
dzieło masterpiece
dziedziniec courtyard
dziedziniec kościelny
  churchyard
eksponat exhibit
eksponat tymczasowy
  temporary exhibit
emalia enamel
figura woskowa waxwork
fosa moat
foyer foyer
fresk fresco/mural
fronton pediment
furtka gate
gablota display cabinet

gargulec gargoyle
glina clay
grób grave
grobowiec tomb
gzyms molding
jodełka herringbone
kamień stone
kamień szlachetny gemstone
kamień węgielny cornerstone
kaseton panel
klatka schodowa staircase
kolumna pillar
konstrukcja żelazna ironwork
korona crown
krajobraz landscape
król king
królowa queen
krypta crypt/vault
lampas frieze
łazienki baths
liście foliage
malarz painter
malowidło scienne
  mural/fresco
marmur marble
martwa natura still life
meble furniture
mechanism works
mistrz master
model model
moneta coin
most zwodzony drawbridge
mur wall
nagrobek headstone
namalowany przez ...
  painted by ...
nawa nave

ołtarz altar(piece)
obraz painting/picture
obraz olejny oil painting
odbudowany w ... rebuilt in ...
odrestaurowany w ...
  restored in ...
ogród garden
okno window
organy organ
odkryty w ... discovered in ...
ozdobiony kasetonami
  paneling
płótno canvas
panować reign
pejzaż landscape (painting)
pejzaż marynistyczny seascape
podarowany przez ...
  donated by ...
pozłocony gilded
prezbiterium choir (stall)
projekt design
przez ... by ... (person)
przypora buttress
ryglowy half-timbered
rysunek drawing
rzemiosła crafts
rzeźba sculpture/carving
ściana wall
sala recepcyjna stateroom
scena stage/scene
schody stairs
serwantka display cabinet
skala jeden do stu scale 1:100
skończony w ...
  completed in ...
skrzydło wing (of building)
srebra silverware
srebro silver
strzelista wieża spire
sufit ceiling
szczyt (w obrębie dachu) gable

szkic sketch
szlak frieze
sztuka piękna
  fine arts
sztych engraving
terakota terracotta
tkanina tapestry
urodzony w ... born in ...
w stylu ... in the style of ...
węgiel (drzewny) charcoal
według szkoły ... school of ...
wejście doorway
wiek century
wieża tower
wieżyczka turret
witraż stained-glass window
wykład lecture
wypożyczone on loan
wysokość height
wystawa exhibition
wystawiać display
wzniesiony w ...
  erected in ...
założony w ... founded in ...
zaczęty w ... started in ...
zamieszkały lived
zaprojektowany przez ...
  designed by ...
zbrojownia armory
zbudowany w ... built in ...
zburzony/zniszczony przez ...
  destroyed by ...
zegar clock
zlecony przez ...
  commissioned by ...
złoty gold(en)
zmarł w ... died in ...
zwisający overhanging

What's that building? **Co to za budynek?** *tso to za boodinek*

When was it built? **Kiedy był zbudowany?**
k-yedi biw z-boodovani

Who was the artist/architect? **Jaki to był artysta/architekt?**
yakee to biw arrtista/arr-hitekt

What style is that? **Jaki to styl** *yakee to stil*

What period is that? **Jaki to okres?** *yakee to okrres*

Warsaw Warszawa

Warsaw, the capital of Poland and its biggest city, is located in Mazovia (Mazowsze), the historic seat of the Mazovian Dukes. Warsaw (Varsovia) became the capital in 1569, when King Zygmunt III Waza transferred the parliament and his residence there from Kraków. Apart from a brief period during the Swedish invasion, the town continued to grow in the 17th and 18th centuries, and many churches and buildings date from that period. After the last partition of Poland in 1795, Warsaw was first occupied by Prussia, and in 1815 came under Russian rule. Although politically weak, it enjoyed industrial development and became one of the biggest cities in Europe. The city was re-established as the capital after Poland regained its independence in 1918. The dramatic events of World War II, in particular the Warsaw Uprising of 1944, left the city razed. An intensive rebuilding program in post-war communist Poland restored many of Warsaw's historic sites. With the overthrow of communist rule in 1989, the city rapidly turned into a truly modern, prosperous European capital with a population close to two million.

Krakow Kraków

Kraków is the third largest city in Poland, after Warsaw and Łódź. The first records of the city date from the 7th century. In 1038, Kraków became the capital where the kings ruled from Wawel Castle. Although in 1569 the capital moved to Warsaw, Polish kings continued to be crowned and buried in Wawel Cathedral. Situated at the crossing of important trade routes, the medieval city achieved enormous prosperity. Art and architecture flourished, and in 1364 the second oldest university in Europe was founded there.

Kraków miraculously escaped the devastation brought upon Poland during World War II. Neglected for years under communist rule, it has recently gone through an extensive restoration program. The Old Town, with its museums, Gothic churches, and priceless art collections, recently earned Kraków a place on the World Cultural Heritage list.

History Historia

966 Mieszko I accepts Christianity from Rome.
1025 Bolesław I crowned as king of Poland.
1138 Death of Bolesław III and division of Poland into three duchies.
1320 Władysław of Kraków crowned king of all Poland.
1370 Death of Kazimierz III after a prosperous reign.
1385 Marriage of Jadwiga and duke Jagiełło unites Poland with Lithuania. Beginning of the "Golden Age."
1410 Defeat of the Teutonic Knights in Battle of Grunwald.
1573 Death of Zygmunt August without an heir. First elected king, Frenchman Henryk Walezy (Henri de Valois).
1655–1660 Swedish invasion of Poland, known as "the Deluge."

1683 Victory at Vienna over Turks by King Jan Sobieski.
1772 First partition of Poland.
1791 Proclamation of constitution, second written constitution in the world.
1793 and 1795 Second and third partition of Poland. End of the Polish state.
1918 Poland regains independence.
1920 War with communist Russia. Poland annexes western Ukraine.
1945 World War II ends.
1947 Communist rule begins.
1978 Karol Wojtyła elected Pope Paul II.
1980 Birth of "Solidarity."
1989 Conference of the "round table." First non-communist state in the Warsaw Pact.

Places of worship Miejsca modlitwy

Poland is predominantly Roman Catholic, and the church has always played an important role. Church-State relations are regulated by the law of 1989, which permits religious freedom. Orthodox churches are mainly found in Eastern Poland; in large cities there are Protestant churches and synagogues too.

Catholic/Protestant church	**katolicki/protestancki kościół** *katoleetskee/protestantskee kosh'tch'oow*
mosque/synagogue/temple	**meczet/synagoga/świątynia** *mechet/sinagoga/sh'f-yontin'ya*
What time is …?	**O której jest …?** *o ktoorrey yest*
mass/the service	**msza/nabożeństwo** *msha/nabozhen'stvo*

In the countryside **Za miastem**

I'd like a map of …	**Chciał(a)bym mapę …** *h-tch'yahw(a)-bim mapeh*
this region	**tego regionu** *tego rreg-yonoo*
walking routes	**szlaków pieszych** *shlakoof p-yeshi-h*
cycle routes	**szlaków rowerowych** *shlakoof rrove-rrovi-h*
How far is it to …?	**Jak daleko jest do …?** *yak daleko yest do*
Is there a right of way?	**Czy wolno tamtędy przejść?** *chi volno tamtendi p-shey-sh'tch'*
Is there a trail/scenic route to …?	**Czy jest ładny szlak do …?** *chi yest wahd-ni shlak do*
Can you show me on the map?	**Czy może mi pan pokazać na mapie?** *chi mozheh mee pan pokazatch' na map-yeh*
I'm lost.	**Zgubiłem się.** *z-goobee-wem sh'yeh*

Organized walks **Wycieczki piesze**

When does the guided walk start?	**O której zaczyna się wycieczka piesza z przewodnikiem?** *o k-toorrey zachina sh'yeh vi-tch'yech-ka p-yesha s pshevod-n'eek-yem*
When will we return?	**Kiedy wrócimy?** *k-yedi vrroo-tch'eemi*
Is it a hard course?	**Czy to jest ciężka droga?** *chi to yest tch'yeng'shka drroga*
gentle/medium/tough	**łatwa/średnia/trudna** *waht-fa/sh'rred-n'ya/trrood-na*
I'm exhausted. *yestem vicherr-pani*	**Jestem wyczerpany.**
How long are we resting here?	**Jak długo odpoczywamy tutaj?** *yak d-woogo ot-pochi-vami tootuy*
What kind of … is that?	**Co to za …?** *tso to za*
animal/bird	**zwierzę/ptak** *z-v-yezheh/p-tak*
flower/tree	**kwiat/drzewo** *k-fyat/jevo*

Geographical features
Terminy geograficzne

beach	**plaża** _plazha_
bridge	**most** _most_
canal	**kanał** _kanahw_
cave	**jaskinia** _yaskeen'ya_
cliff	**skała** _skahwa_
farm	**gospodarstwo** _gospo-darrst-fo_
field	**pole** _poleh_
footpath	**ścieżka** _sh'tch'yeshka_
forest	**las** _las_
hill	**wzgórze** _v-z-goozheh_
lake	**jezioro** _ye-zh'yorro_
mountain	**góra** _goorra_
mountain pass	**przełęcz górska** _pshewench goorrska_
mountain range	**łańcuch górski** _wahn'tsoo-h goorrskee_
nature preserve [reserve]	**rezerwat przyrody** _rrezerrvat pshirrodi_
panorama	**panorama** _panorrama_
park	**park** _parrk_
peak	**szczyt** _sh-chit_
picnic area	**miejsce piknikowe** _m-yeys-tseh peekn'ee-koveh_
pond	**staw** _staf_
rapids	**progi** _prrogee_
river	**rzeka** _zheka_
sea	**morze** _mozheh_
stream	**strumień** _s-trroom-yen'_
valley	**dolina** _doleena_
viewpoint	**punkt obserwacyjny** _poon-k-t op-serrva-tsiy-ni_
village	**wieś** _v-yesh'_
waterfall	**wodospad** _vodospat_
wood	**lasek** _lasek_

Leisure

Events Rozrywki

Most hotels will have some information about events around town
available in English. There are also special magazines with sections in
English featuring weekly events like **Kalejdoskop Kulturalny** (Cultural
Kaleidoscope) in Warsaw, available at newsstands.

Do you have a program of events?	**Czy macie progarm rozrywek?** *chi match'yeh prrogrram rroz-rrivek*
Can you recommend a …?	**Czy może pan polecić …?** *chi mozheh pan pole-tch'eetch'*
ballet/concert	**balet/koncert** *balet/kontserrt*
movie [film]/opera/play	**film/operę/sztukę** *film/opereh/sh-tookeh*

Availability Dostępność

When does it start?	**Kiedy to się zaczyna?** *k-yedi to sh'yeh zachina*
When does it end?	**Kiedy to się kończy?** *k-yedi to sh'yeh kon'chi*
Are there any seats for tonight?	**Czy są miejsca na dziś wieczór?** *chi som m-yeys-tsa na djeesh v-yechoorr*
Where can I get tickets?	**Gdzie mogę kupić bilety?** *g-djyeh mogeh koopeetch' beeleti*
There are … of us.	**Jest nas …** *yest nas*
I'd like two tickets for tonight's concert.	**Chciał(a)bym dwa bilety na dzisiejszy koncert.** *h-tch'yahw(a)-bim dva beeleti na djee-sh'ey-shi kontserrt*
I'd like to reserve three tickets for Sunday evening.	**Chciał(a)bym zarezerwować trzy bilety na niedzielę wieczór.** *h-tch'yahw(a)-bim zarrezerr-vovatch' t-shi beeleti na n'ye-djeleh v-yechoorr*

Tickets Bilety

How much are the seats?	**Ile kosztują te miejsca?** _eeleh_
	kosh-tooyom teh m-yeys-tsa
Do you have anything cheaper?	**Czy są jakieś tańsze?**
	chi som yak-yesh' tan'sheh
Can I pay by credit card?	**Czy mogę zapłacić kartą kredytową?**
	chi mogeh za-pwah-tch'eetch' karrtom
	krredi-tovom
I'll pay by …	**Zapłacę …** _za-pwah-tseh_

Jaką ma pan kartę kredytową?	What's your credit card type?
Jaki jest numer pan kartę kredytową?	What's your credit card number?
Jaką jest data ważności pan kartę kredytową?	What's your credit card expiration [expiry] date
Proszę tu podpisać.	Sign here, please.
Proszę odebrać bilety …	Please pick up the tickets …
przed … wieczór	by … p.m.
w okienku rezerwacji	at the reservations desk

May I have a program, please?	**Poproszę program.**
	poprrosheh prrogrram
Where's the coatcheck [cloakroom]?	**Gdzie jest szatnia?**
	g-djyeh yest shat-n'ya

> – _Czym mogę służyć? (Can I help you?)_
> – Chciałbym dwa bilety na dzisiejszy koncert.
> (I'd like two tickets for tonight's concert.)
> – _Proszę bardzo. (Certainly.)_
> – Czy mogę zapłacić kartą kredytową?
> (Can I pay by credit card?)
> – _Tak. (Yes.)_
> – W takim razie zapłacę Visą.
> (In that case I'll pay by Visa.)
> – _Dziękuję. Proszę tu podpisać._
> (Thank you. Sign here, please.)

WYPRZEDANE	sold out
BILETY NA DZISIAJ	tickets for today
PRZEDSPRZEDAŻ	advance reservations

NUMBERS ➤ 216

Movies [Cinema] Kino

Foreign films are shown in the original language with subtitles. Only films for children are dubbed. Movie tickets are cheap, and there are several showings every day.

Is there a multiplex theater [cinema] near here?
Czy jest niedaleko kino wieloekranowe?
chi yest n'yeda-leko keeno v-yelo-ekrra-nove

What's playing at the movies [cinema] tonight?
Co dzisiaj grają w kinie?
tso djee-sh'yuy g-rruyom f keen'yeh

Is the film dubbed?
Czy film jest dabingowany?
chi feelm yest dabeen-govani

Is the film subtitled?
Czy film jest z napisami?
chi feelm yest z napee-samee

Is the film in the original English?
Czy film jest w originalnym angielskim?
chi feelm yest v orri-gee-nal-nim an-g-yels-keem

A ..., please.
Proszę ... *prrosheh*

box [carton] of popcorn
porcję popkornu
porrts-yeh popkorrnoo

chocolate ice cream [choc-ice]
loda czekoladowego
loda chekolado-vego

hot dog
hotdoga *hot-doga*

soft drink
napój *napooy*

small/regular/large
mały/normalny/duży
mahwi/norrmalni/doozhi

Theater Teatr

What's playing at the Narodowy Theater?
Co wystawiają w Narodowym?
tso vi-stav-yayom v narro-dovim

Who's the playwright?
Jakiego to dramaturga?
yak-yego to drrama-toorga

Do you think I'd enjoy it?
Czy pan myśli, że mi się to spodoba?
chi pan mish'lee zheh mee sh'yeh to s-podoba

I don't know much Polish.
Nie umiem dobrze po polsku.
n-yeh oom-yem dobzheh po polskoo

Opera/Ballet/Dance
Opera/Balet/Taniec

Where's the theater? **Gdzie jest teatr?**
g-djeh yest te-atrr

Who is the composer/soloist? **Kto jest kompozytorem/solistą?**
kto yest kompozi-torrem/solees-tom

Is formal dress required? **Czy wymagany jest strój formalny?**
chi vimagani yest strooy forrmalni

Who's dancing? **Kto tańczy?** *kto tan'chi*

I'm interested in
contemporary dance. **Interesuję się tańcem współczesnym.**
*eenterre-sooyeh sh'yeh tan'tsem
f-spoow-chesnim*

Music/Concerts Muzyka/Koncerty

Where's the concert hall? **Gdzie jest sala koncertowa?**
g-djyeh yest sala kon-tserr-tova

Which orchestra/band
is playing? **Jaka orkiestra/zespół gra?**
yaka orrk-yestrra/zes-poow grra

What are they playing? **Co oni grają?** *tso on'ee grra-yom*

Who is the conductor/soloist? **Kto jest dyrygentem/solistą?**
k-to yest dirri-gen-tem/solees-tom

Who is the support band? **Kto gra w grupie towarzyszącej?**
kto grra v groop-ye tova-zhi-shon-tsey

I really like … **Lubię bardzo …** *loob-yeh barrdzo*

folk music/country music **muzykę ludową/muzykę country**
moo-zikeh loo-dovom/moo-zikeh country

jazz **jazz** *jazz*

music of the sixties **muzykę lat sześćdziesiątych**
moo-zikeh lat shesh'dje-sh'yon-tih

pop/rock music **pop/rock (muzykę młodzieżową)**
pop/rock (moo-zikeh m-wodje-zhovom)

soul music **muzykę soul** *moo-zikeh soul*

Have you ever heard of
her/him/them? **Czy słyszłeś on niej/nim/nich?**
*chi swi-shawesh' o n'yey/
n'eem/n'eeh*

Are they popular? **Czy oni są popularni?**
chi on'ee som popoolarrnee

Nightlife Nocne życie

What is there to do in the evenings?	**Co możemy robić wieczorami?** *tso mozhemi rrobeetch' v-yecho-rramee*
Can you recommend a ...?	**Czy może pan polecić ...?** *chi mozheh pan pole-tch'eetch'*
Is there a ...?	**Czy jest tu ...** *chi yest too*
bar / restaurant	**bar/restauracja** *barr/res-tahw-rrats-ya*
cabaret / casino	**kabaret/kasyno** *kabarret/kasino*
discotheque	**diskoteka** *diskoteka*
gay club	**klub dla gayów** *kloop dla geyoof*
nightclub	**klub nocny** *kloop notsni*
What type of music do they play?	**Jaki rodzaj muzyki tam grają?** *yakee rro-dzuy moo-zikee tam grruyom*
How do I get there?	**Jak tam dojść/dojechać?** *yak tam doy-sh'tch'/do-yehatch'*
Is there an admission charge?	**Czy płaci się za wstęp?** *chi pwah-tch'ee sh'yeh za f-stemp*

Admission Wstęp

What time does the show start?	**O której zaczyna się występ?** *o k-toorrey zachina sh'yeh vi-stemp*
Is there a cover charge?	**Czy jest opłata obowiązkowa?** *chi yest opwahta obov-yons-kova*
Is a reservation necessary?	**Czy potrzebna jest rezerwacja?** *chi pot-shebna yest rrezerr-vats-ya*
Do we need to be members?	**Czy musimy być członkami?** *chi moosh'eemi bitch' ch-wo-n-kamee*
Can you have dinner there?	**Czy możemy tam zjeść kolację?** *chi mozhemi tam z-yesh'tch' kolats-yeh*
How long will we have to stand in line [queue]?	**Jak długo będziemy musieli stać w kolejce?** *yak d-woogo bendjyemi moosh'yelee statch' f koley-tseh*
I'd like a good table.	**Chciał(a)bym dobry stolik.** *h-tch'yahw(a)-bim dobrri stoleek*

W CENIE BILETU JEDEN GRATISOWY DRINK

ticket includes one complimentary drink

Children Dzieci

Can you recommend something for the children?	**Czy może pan polecić coś dla dzieci?** *chi mozheh pan poletch'eetch' tsosh' dla djye-tch'ee*
Are there changing facilities here for babies?	**Czy są tam udogodnienia dla niemowląt?** *chi som tam oo-dogod-n'yen'ya dla n'yemov-lont*
Where are the bathrooms [toilets]?	**Gdzie są toalety?** *g-djyeh som to-aleti*
amusement arcade	**arkada rozrywkowa** *arrkada rroz-rif-kova*
fairground	**wesołe miasteczko** *vesohweh m-yastech-ko*
kiddie [paddling] pool	**brodzik** *brrodjeek*
playground	**miejsce do zabaw** *m-yeys-tseh do zabaf*
play group	**przedszkole** *pshech-koleh*
zoo	**zoo** *zo-o*

Baby-sitting Opieka nad dzieckiem

Can you recommend a reliable baby-sitter?	**Czy może pan polecić odpowiedzialną babysyterkę?** *chi mozheh pan poletch'eetch' otpov-ye-djyal-nom baby-siterr-keh*
Is there constant supervision?	**Czy jest tam ciągła opieka?** *chi yest tam tch'yong-wa op-yeka*
Is the staff properly trained?	**Czy obsługa jest odpowiednio wykwalifikowana?** *chi op-swooga yest otpov-yedn'yo vik-falee-feeko-vana*
When can I bring them?	**Kiedy mogę je przypowadzić?** *k-yedi mogeh yeh pshi-pro-vadjeetch'*
I'll pick them up at …	**Odbiorę je o …** *od-b-yorreh yeh-o*
We'll be back by …	**Będziemy z powrotem przed …** *bendj-yemi s pov-rrotem pshet*
She's 3 and he's 18 months.	**Ona ma trzy lata, a on osiemnaście miesięcy.** *ona ma t-shi lata a on osh'yem-nash'tch'yeh m-yesh'yentsi*

Sports Sporty

Soccer is the most popular national sport in Poland. Athletics, boxing, and motorbike and bicycle racing are popular, too. There are also plenty of opportunities for sailing, fishing, swimming, horseback riding, hiking, mountain climbing, and skiing.

Spectator Kibicowanie

Is there a soccer [football] game [match] this Saturday?	**Czy jest mecz piłki nożnej w tę sobotę?** *chi yest mech p-eewkee nozhney f teh soboteh*
Which teams are playing?	**Jakie drużyny grają?** *yak-yeh drroo-zhini grrayom*
Can you get me a ticket?	**Czy może pan dostać dla mnie bilet?** *chi mozheh pan dostatch' dla mn'yeh beelet*
What's the admission charge?	**Ile kosztuje wstęp?** *eeleh koshtooyeh f stemp*
Where's the racetrack [racecourse]?	**Gdzie są tory wyścigowe?** *g-djyeh som torri vish'tch'ee-goveh*
Where can I place a bet?	**Gdzie mogę postawić zakład?** *g-djeh mogeh postavitch' zakwaht*
What are the odds on …?	**Jakie są szanse na …?** *yak-yeh som shanseh na*
athletics	**lekką atletykę** *lek-kom at-letikeh*
basketball	**koszykówkę** *koshikoofkeh*
cycling	**wyścigi rowerowe** *vish'tch'eegee rrove-rroveh*
golf	**golf** *golf*
horse racing	**wyścigi konne** *vish'-tch'eegee kon-neh*
soccer [football]	**piłkę nożną** *p-eewkeh nozhnom*
swimming	**pływanie** *p-wiva-n'yeh*
tennis	**tenis** *tenis*
volleyball	**siatkówkę** *sh'yat-koofkeh*

Participating Gra

Is there a … nearby?	**Czy jest niedaleko …?** *chi yest n'yedaleko*
golf course	**pole golfowe** *poleh golfoveh*
sports club	**klub sportowy** *kloop sportovi*
Are there any tennis courts?	**Czy są tam korty tenisowe?** *chi som tam korrti tenisoveh*
What's the charge per …?	**Jaka jest opłata za …?** *yaka yest o-pwahta za*
day / round / hour	**dzień/turę/godzinę** *djen'/toorreh/go-djeeneh*
Do I need to be a member?	**Czy muszę być członkiem?** *chi moosheh bitch' ch-wonk-yem*
Where can I rent …?	**Gdzie mogę wypożyczyć …?** *g-djeh mogeh vipo-zhi-chitch'*
boots	**buty** *booti*
clubs	**kije do golfa** *keeyeh do golfa*
equipment	**sprzęt** *spshent*
a racket	**rakietę** *rrak-yeteh*
Can I get lessons?	**Czy mogę mieć lekcje?** *chi mogeh m-yetch' lekts-yeh*
Do you have a fitness room?	**Czy macie salę gimnastyczną?** *chi match-yeh saleh geem-nas-tichnom*
Can I join in?	**Czy mogę się zapisać?** *chi mogeh sh'yeh zapeesatch'*

Przykro mi, ale nie mamy już miejsc.	I'm sorry, we're booked up.
Kaucja wynosi …	There is a deposit of …
Jaki jest pana rozmiar?	What size are you?
Potrzebuje pan zdjęcie paszportowe.	You need a passport-size photo.

ŁOWIENIE RYB WZBRONIONE	no fishing
TYLKO DLA UPOWAŻNIONYCH	permit holders only
PRZEBIERALNIA	changing rooms

<u>At the beach</u> Na plaży

Baltic coast beaches are sandy and very popular during the summer months. Swim only in places that are supervised and always obey safety notices.

Is the beach pebbly/sandy?	**Czy plaża jest kamienista/piaszczysta?** *chi <u>pla</u>zha yest kam-ye-<u>nee</u>sta/p-yash-<u>tchi</u>sta*
Is there a … here?	**Czy jest tu …?** *chi yest too*
children's pool	**brodzik** <u>brro</u>djeek
swimming pool	**basen** <u>ba</u>sen
indoor/open-air	**kryty/otwarty** <u>krri</u>ti/ot-<u>farr</u>ti
Is it safe to swim/dive here?	**Czy jest tu bezpiecznie pływać/nurkować?** *chi yest too besp-<u>yechn</u>'yeh p-<u>wi</u>vatch'/ noorr-<u>ko</u>vatch'*
Is it safe for children?	**Czy jest bezpiecznie dla dzieci?** *chi yest besp-<u>yechn</u>'yeh dla <u>dje</u>-tch'ee*
Is there a lifeguard?	**Czy jest ratownik?** *chi yest rra<u>tov</u>-n'eek*
I want to rent a/some …	**Chcę wypożyczyć …** *htseh vipo-<u>zhi</u>chitch'*
deck chair	**leżak** <u>le</u>zhak
jet-ski	**narty motorowe** <u>narr</u>ti moto-<u>rro</u>veh
motorboat	**motorówkę** moto-<u>rroof</u>-keh
diving equipment	**sprzęt do nurkowania** spshent do noorko-<u>van</u>'ya
umbrella [sunshade]	**parasol** pa<u>rra</u>sol
surfboard	**deskę do serfowania** <u>de</u>skeh do serfo<u>van</u>'ya
water skis	**narty wodne** <u>narr</u>ti <u>vod</u>neh
For … hours.	**Na … godzin.** na … <u>go</u>djeen

Skiing Narciarstwo

There are many ski resorts in the southern part of Poland. The high Tatra Mountains offer excellent downhill skiing, and there are plenty of skiing opportunities on the lower slopes of many other mountains.

Is there much snow?	**Czy jest tam dużo śniegu?** *chi yest tam doozho sh'n'yegoo*
What's the snow like?	**Jaki jest śnieg?** *yakee yest sh'n'yek*
heavy/icy	**ciężki/oblodzony** *tch'yeng'sh-kee/ob-lodzoni*
powdery/wet	**puszysty/mokry** *pooshis-ti/mok-rri*
I'd like to rent some …	**Chciał(a)bym wypożyczyć …** *h-tch'yahw(a)-bim vipo-zhi-chitch'*
poles	**kijki** *keey-kee*
skates	**łyżwy** *wizh-vi*
ski boots	**buty narciarskie** *booti narr-tch'yarrsk-yeh*
skis	**narty** *narrti*
These are too …	**Te są za …** *teh som za*
big/small	**duże/małe** *doozheh/mahweh*
They're uncomfortable.	**Te są niewygodne.** *teh som n'yevi-godneh*
A lift pass for a day/five days, please.	**Proszę bilet wielokrotny jednodniowy/ pięciodniowy na wyciąg.** *prrosheh beelet v-yelo-krrotni yed-nod-n'yovi/ p-yentch'yo-dn'yovi na vitch'yonk*
I'd like to join the ski school.	**Chcę się zapisać do szkółki narciarskiej.** *htseh sh'yeh zapeesatch' do sh-koow-kee narr-tch'yarrsk-yey*
I'm a beginner.	**Jestem początkujący.** *yestem pochont-koo-yontsi*
I'm experienced.	**Jestem zaawansowany.** *yestem za-avanso-vani*

KOLEJKA LINOWA	cable car/gondola
WYCIĄG KRZESEŁKOWY	chair lift
WYCIĄG	drag lift

Making friends
Zawieranie znajomości
Introductions Przedstawianie się

Greetings vary according to how well you know the person.
People shake hands when they meet and when they say
good-bye, and men often kiss women's hands as a mark of
respect. You may say "Good morning, sir." (**Dzień dobry panu.**) or
"Good morning, madam." (**Dzień dobry pani.**), but it is sufficient just
to say "Good morning." (**Dzień dobry.**).

It is considered impolite to address people you do not know by their first
name. For relatives, friends, and children you may also say "Hello./Hi."
(**Cześć.**).

There are two forms for "you" in Polish: **ty** (plural **wy**), used when talking
to relatives, friends, and children, and among young people. When
addressing someone in a formal situation, Polish uses the relevant form of
pan (sir)/**pani** (madam) with the 3rd person (he/she/it) form of the verb.

Hello. We haven't met.	**Dzień dobry. My się nie znamy.** *djyen' dobrri mi sh'yeh n'ye z-nami*
My name is …	**Nazywam się …** *nazivam sh'yeh*
May I introduce …?	**Czy mogę przedstawić …?** *chi mogeh pshets-tavitch'*
Pleased to meet you.	**Miło mi pana poznać.** *meewo mee pana poznatch'*
What's your name?	**Jak się pan nazywa?** *yak sh'yeh pan naziva*
How are you?	**Jak się pan ma?** *yak sh'yeh pan ma*
Fine, thanks. And you?	**Dobrze, dziękuję. A pan?** *dobzheh djyen'kooyeh. a pan*

– Dzień dobry. Jak się pan ma? (Hello. How are you?)
– Dobrze, dziękuję. A pan? (Fine, thanks. And you?)
– Dziękuję, dobrze. (Fine, thanks.)

Where are you from? Skąd pan jest?

Where are you from?	**Skąd pan jest?** *skont pan yest*
Where were you born?	**Gdzie się pan urodził?** *g-djyeh sh'yeh pan oo-rro-djee-w*
I'm from …	**Jestem z/ze …** *yestem z/ze*
Australia	**Australii** *ahw-strral-yee*
Britain	**Wielkiej Brytanii** *v-yelk-yey brri-tan'yee*
Canada	**Kanady** *kanadi*
England	**Anglii** *an-gl-yee*
Ireland	**Irlandii** *eer-land-yee*
Scotland	**Szkocji** *shkots-yee*
the U.S.	**Stanów Zjednoczonych (U.S.A.)** *stanoof zyedno-cho-nih (oo-es-a)*
Wales	**Walii** *val-yee*
Where do you live?	**Gdzie pan mieszka?** *g-djyeh pan m-yeshka*
What part of … are you from?	**Z jakiej części … jest pan?** *z-yak-yey cheng'sh'tchee … yest pan*
Poland	**Polski** *polskee*
Germany	**Niemiec** *n'yem-yets*
the Czech Republic	**Czech** *che-h*
Slovakia	**Słowacji** *swo-vats-yee*
It's my/our first visit.	**To jest moja/nasza pierwsza wizyta.** *to yest moya/nasha p-yerrf-sha veezita*
Have you ever been to …?	**Czy był pan kiedyś w …?** *chi bi-w pan k-yedish' v*
the U.K./U.S.	**Anglii/Ameryce** *an-gl-yee/ame-rritseh*
Do you like it here?	**Czy panu się tu podoba?** *chi panoo sh'yeh too podoba*
What do you think of the …?	**Co pan myśli o …** *tso pan mish'lee o*
I love the … here.	**Bardzo lubię …** *barrdzo loob-yeh*
I don't really like the … here.	**Nie bardzo lubię tutaj …** *n'yeh barrdzo loob-yeh tootuy*
food/people	**jedzenie/ludzi** *yedzen'yeh/loodjee*

Who are you with? Z kim pan jest?

Who are you with?	**Z kim pan jest?** *skeem pan yest*
I'm on my own/ with a friend.	**Jestem sam/z przyjacielem.** *yestem sam/s-pshi-ya-tch'yelem*
I'm with …	**Jestem z …** *yestem z*
my husband	**moim mężem** *mo-eem meng'zhem*
my wife	**moją żoną** *moyom zhonom*
my family	**moją rodziną** *moyom rrodjeenom*
my children/parents	**moimi dziećmi/moimi rodzicami** *moeemee djyetch'mee/rro-djee-tsamee*
my boyfriend	**moim chłopcem** *mo-eem hwop-tsem*
my girlfriend	**moją dziewczyną** *moyom djyef-chinom*
my father/son	**moim ojcem/synem** *mo-eem oytsem/sinem*
my mother/daughter	**moją matką/córką** *moyom matkom/tsoorrkom*
my brother/uncle	**moim bratem/wujem** *mo-eem brratem/vooyem*
my sister/aunt	**moją siostrą/ciotką** *moyom sh'yo-strom/tch'yot-kom*
What's your son's/ wife's name?	**Jak się nazywa twój syn/twoja żona?** *yak sh'yeh naziva t-fooy sin/t-foya zhona*
Are you married? *(to a man)*	**Czy jest pan żonaty?** *chi yest pan zhonati*
Are you married? *(to a woman)*	**Czy jest pani mężatką?** *chi yest panee menzhatkom*
I'm married/single. *(for a man)*	**Jestem żonaty/samotny.** *yestem zhonati/samotni*
I'm married/single. *(for a woman)*	**Jestem mężatką/samotna.** *yestem menzhatkom/samotna*
I'm divorced/separated.	**Jestem rozwiedziony/w separacji.** *yestem roz-v-ye-djyoni/f-sepa-rrats-yee*
I'm engaged.	**Jestem zaręczony.** *yestem zarrenchoni*
We live together.	**Mieszkamy razem.** *m-yesh-kami rrazem*
Do you have any children?	**Czy ma pan dzieci?** *chi ma pan djye-tch'ee*
We have two boys and a girl.	**Mamy dwóch chłopców i dziewczynkę.** *mami d-vooh hwop-tsoof ee djyef-chinkeh*
How old are they?	**Ile mają lat?** *eeleh mayom lat*
They're 10 and 12.	**Dziesięć i dwanaście.** *djye-sh'yen'tch' ee d-va-nash'tch'yeh*

What do you do? Co pan robi?

What do you do?	**Co pan robi?** *tso pan robee*
What are you studying?	**Co pan studiuje?** *tso pan stood-yooyeh*
I'm studying ...	**Studiuję ...** *stood-yooyeh*
I'm in ...	**Pracuję jako ...** *prra-tsooyeh yako*
business	**biznesmen** *biznesman*
engineering	**inżynier** *een-zhi-n'yerr*
sales	**sprzedawca** *s-pshe-daftsa*
Who do you work for?	**Gdzie pan pracuje?** *g-djyeh pan prra-tsooyeh*
I work for ...	**Pracuję dla ...** *prra-tsooyeh dla*
I'm (a/an) ...	**Jestem ...** *yestem*
accountant	**księgowym** *k-sh'yen'govim*
housewife	**prowadzę dom** *prrovadzeh dom*
student	**studentem** *stoodentem*
retired	**rencistą** *ren-tch'eestom*
self-employed	**pracuję dla siebie** *prra-tsooyeh dla sh'yeb-ye*
between jobs	**pomiędzy pracami** *po-m-yendzi prra-tsamee*
What are your interests/ hobbies?	**Jakie ma pan zainteresowania/hobby?** *yakyeh ma pan za-een-terreso-van'ya/hobby*
I like ...	**Lubię ...** *loob-yeh*
music	**muzykę** *moozikeh*
reading	**czytać** *chitatch'*
sports	**sport** *sporrt*
I play ...	**Gram ...** *grram*
Would you like to play ...?	**Czy chciałby pan zagrać ...?** *chi h-tch'yahw-bi pan zagrratch'*
cards	**w karty** *f karrti*
chess	**w szachy** *f shahi*

What weather! Jaka pogoda!

What a lovely day!	**Jaki piękny dzień!**	
	yakee p-yeng'k-ni djyen'	
What terrible weather!	**Jaka okropna pogoda!**	
	yaka okrropna pogoda	
It's hot/cold today!	**Dziś jest gorąco/zimno!**	
	djeesh' yest gorron-tso/zheem-no	
Is it usually this warm?	**Czy zwykle jest tak gorąco?**	
	chi zvik-leh yest tak gorron-tso	
Do you think it's going to … tomorrow?	**Czy pan myśli, że jutro będzie …?**	
	chi pan mish'lee zheh yoot-rro bendjyeh	
be a nice day	**ładny dzień** _wahd-ni djyen'_	
rain	**deszcz** _desh'tch'_	
snow	**śnieg** _sh'n'yek_	
What is the weather forecast for tomorrow?	**Jaka jest prognoza pogody na jutro?**	
	yaka yest prrognoza pogodi na yoot-rro	
It's …	**Jest …** _yest_	
cloudy	**pochmurno** _poh-moorr-no_	
foggy	**mglisto** _m-glees-to_	
icy	**oblodzenie** _oblo-dzen'yeh_	
stormy	**burzowo** _boo-zhovo_	
windy	**wietrznie** _v-yetsh-n'yeh_	
It's raining.	**Pada deszcz.** _pada desh-ch_	
It's snowing.	**Pada śnieg.** _pada sh'n'yek_	
It's sunny.	**Świeci słońce.** _sh'f-ye-tch'ee swong'tseh_	
Has the weather been like this for long?	**Czy pogoda była taka przez dłuższy czas?** _chi pogoda biwa taka pshes dwoosh-shi chas_	
What's the pollen count?	**Jaki jest wskaźnik zapylenia?**	
	yakee yest f-skazh'n'eek zapilen'ya	
high/medium/low	**wysoki/średni/niski**	
	visokee/sh'rred-n'ee/n'ees-kee	
Will it be good weather for skiing?	**Czy będzie dobra pogoda na narty?**	
	chi bendjyeh dobrra pogoda na-narrti	

PROGNOZA POGODY weather forecast

Enjoying your trip? Podoba się pobyt?

Czy jest pan na wakacjach?	Are you on vacation?
Jak pan tu przyjechał?	How did you get here?
Gdzie się pan zatrzymał?	Where are you staying?
Jak długo jest już pan tutaj?	How long have you been here?
Jak długo pan tu będzie?	How long are you staying?
Co pan już zobaczył?	What have you done so far?
Gdzie pan jedzie dalej?	Where are you going next?
Czy podobają się panu te wakacje?	Are you enjoying your vacation?

I'm here on …	**Jestem tutaj …** _yestem tootuy_
business / vacation [holiday]	**służbowo/na wakacjach** _swoozh-bovo/na vakats-yah_
We came by plane.	**Przylecieliśmy samolotem.** _pshi-letch'ye-leesh'mi samolotem_
We came by …	**Przyjechaliśmy …** _pshi-yeha-leesh'mi_
train/bus	**pociągiem/autobusem** _potch'yon'gyem/ahwtoboosem_
car/ferry	**samochodem/promem** _samohodem/prromem_
I have a rental [hire] car.	**Mam wynajęty samochód.** _mam vinayenti samohoot_
We're staying in/at …	**Zatrzymaliśmy się …** _za-tshima-leesh'mi sh'yeh_
a campsite/hotel	**na campingu/w holelu** _na kempeengoo/f hoteloo_
with friends	**u przyjaciół** _oo pshi-yatch'yoow_
Can you suggest …?	**Czy może pan zasugerować …?** _chi mozheh pan zasoo-gerrovatch'_
things to do	**co możemy robić** _tso mozhemi rrobeetch'_
places to eat	**gdzie możemy zjeść** _g-djeh mozhemi z-yesh'tch'_
places to visit	**co mamy zwiedzać** _tso mami z-v-yedzatch'_
We're having a great time.	**Bawimy się świetnie.** _baveemi sh'yeh sh'f-yetn'yeh_
We're having a terrible time.	**Jest nam okropnie.** _yest nam ok-rropn'yeh_

Invitations Zaproszenia

Would you like to have dinner with us on ...?
Czy chciałby pan przyjść do nas na kolację w ...? *chi h-tch'yahw-bi pan pshi-ysh'tch' do nas na kolats-yeh v*

Are you free for lunch?
Czy mogę zaprosić pana na lunch/obiad? *chi mogeh zaprro-sh'eetch' pana na lunch/ob-yat*

Can you come for a drink this evening?
Czy może przyjść pan na drinka dziś wieczorem? *chi mozheh pan pshi-ysh'tch' na drreenka djeesh' v-yechorrem*

We are having a party. Can you come?
Mamy przyjęcie. Czy może pan przyjść? *mami pshi-yentch'yeh. chi mozheh pan pshi-ysh'tch'*

May we join you?
Czy możemy się przyłączyć? *chi mozhemi sh'yeh pshi-wonchitch'*

Would you like to join us?
Czy zechciałby się pan do nas przyłączyć? *chi zeh-tch'yahw-bi sh'yeh pan do nas pshi-wonchitch'*

Going out Wychodzenie

What are your plans for ...?
Jakie ma pan plany na ...? *yakie ma pan plani na*

today/tonight
dzisiaj/dzisiejszy wieczór *djee-sh'yuy/djee-sh'yey-shi v-yechoorr*

tomorrow
jutro *yootrro*

Are you free this evening?
Czy jest pan wolny dziś wieczorem? *chi yest pan volni djeesh' v-yechorrem*

Would you like to ...?
Czy chciałby pan ...? *chi h-tch'yahw-bi pan*

go dancing
pójść na dancing *pooy-sh'tch' na dancing*

go for a drink
pójść na drinka *pooy-sh'tch' na drreenka*

go out for a meal
pójść coś zjeść *pooy-sh'tch' tsosh' z-yesh'tch'*

go for a walk
pójść na spacer *pooy-sh'tch' na spatserr*

go shopping
pójść na zakupy *pooy-sh'tch' na zakoopi*

I'd like to go to/to see ...
Chciał(a)bym pójść/zobaczyć ... *h-tch'yahw(a)-bim pooy-sh'tch'/zoba-chitch'*

Do you enjoy ...?
Czy podoba się panu ...? *chi podoba sh'yeh panoo*

Accepting/Declining
Akceptacja/Odmowa

Thank you. I'd love to.	**Dziękuję. Będzie mi miło.** djyen'_kooyeh_. _bendj'yeh_ mee-_meewo_
Thank you, but I'm busy.	**Dziękuję, ale jestem zajęty.** djyen'_kooyeh_ _a_leh _ye_stem za_ye_nti
May I bring a friend?	**Czy mogę przyjść z przyjacielem?** chi _mo_geh pshi-y-sh'tch' s pshi-_yatch'_yelem
Where shall we meet?	**Gdzie się możemy spotkać?** g-djeh sh'yeh mo_zhe_mi _spot_katch'
I'll meet you …	**Spotkam pana …** _spot_kam _pa_na
in front of your hotel	**przed pana hotelem** pshet _pa_na ho_te_lem
I'll call for you at 8.	**Przyjdę po pana o ósmej.** pshi-y-deh po _pa_na o-_oos_mey
Could we make it a bit later/earlier?	**Czy można trochę później/wcześniej?** chi _mozh_na _trro_-heh _poozh_'n'yey/ f-chesh'n'yey
How about another day?	**A może innego dnia?** a _mo_zheh een-_ne_go dn'ya
That will be fine.	**To świetnie.** to sh'f-_yet_n'yeh

Dining out/in Jedzenie na mieście/w domu

Poles are very hospitable and always do their best to please their guests. Many will invite you home for dinner, although inviting guests to a restaurant is becoming more popular. If you are invited to someone's home, take flowers, chocolates, wine, or a small gift.

Let me buy you a drink.	**Czy mogę postawić panu drinka?** chi _mo_ge po_sta_veetch' _pa_noo _drr_eenka
Do you like …?	**Czy pan lubi …?** chi pan _loo_bee
What are you going to have?	**Co pan wybrał?** tso pan _vibrr_ahw
That was a lovely lunch.	**To był pyszny lunch.** to _biw_ _pi_shni lunch
That was a lovely dinner.	**To była pyszna kolacja.** to _bi_wa _pi_shna ko_lat_sya

TIME ➤ 220

Encounters Spotkania

Do you mind if …?	**Czy nie będzie panu przeszkadzało jeśli …?** *chi n'yeh bendjyeh panoo pshe-shka-dzawo yesh'lee*
I sit here/I smoke	**siądę tutaj/zapalę** *sh'yondeh tootuy/ zapaleh*
Can I get you a drink?	**Czy mogę postawić panu drinka?** *chi mogeh postaveetch' panoo drreenka*
I'd love to have some company.	**Chciał(a)bym mieć towarzystwo.** *h-tch'yahw(a)-bim m-yetch' tova-zhist-fo*
What's so funny?	**Co takiego śmiesznego?** *tso tak-yego sh'm-yeshnego*
Is my Polish that bad?	**Czy mój polski jest tak zły?** *chi mooy polski yest tak z-wi*
Shall we go somewhere quieter?	**Chodźmy gdzieś, gdzie jest trochę ciszej.** *hodj-mi g-djyesh' g-djyeh yest trroheh tch'eeshey*
Leave me alone, please!	**Proszę mnie zostawić w spokoju!** *prrosheh m'n-yeh zosta-veetch' f spokoyoo*
You look great!	**Wyglądasz świetnie!** *vi-glonda pan sh'f-yetn'yeh*
Would you like to come home with me?	**Czy chciałby pan pójść ze mną do domu?** *chi h-tch'yahw-bi pan pooy-sh'tch' ze m-nom do-domoo*
I'm not ready for that.	**Nie jestem na to gotowy.** *n'yeh yestem na to gotovi*
I'm afraid we have to leave now.	**Niestety musimy już iść.** *n'yesteti moo-sh'eemi yoosh ee-sh'tch'*
Thanks for the evening.	**Dziękuję za wieczór.** *djyen'kooyeh za v-yechoorr*
It was great.	**Było wspaniale.** *biwo f-span'yaleh*
Can I see you again tomorrow?	**Czy mogę zobaczyć pana znowu jutro?** *chi mogeh zobachitch' pana znovoo yootrro*
See you soon.	**Do zobaczenia.** *do-zobachen'ya*
Can I have your address?	**Czy mogę prosić pana adres?** *chi mogeh prrosh'eetch' pana adrres*

Telephoning Telefonowanie

Public phones require tokens (**żetony**) or telephone cards
(**karty**). These can be purchased at post offices and at
newsstands, and some local shops have them as well. Tokens
are made of yellow metal with the letters A, B, or C stamped on
them. For a long distance call, use a C token. For a quick call within
Europe, a 50-unit card is sufficient; for a longer conversation or a call
elsewhere in the world, buy a 100-unit card. To use the card you have to
break off a corner. Never accept a card with a snapped-off corner as it
means that it might have been used already. For international calls,
dial 00 and the country code, then the area code (omitting any initial 0)
and the actual number.

Can I have your telephone number?	**Czy mogę prosić pana numer telefonu?** *chi mogeh prrosh'eetch' pana noomerr telefonoo*
Here's my number.	**Proszę, mój numer.** *prrosheh mooy noomerr*
Please call me.	**Proszę do mnie zadzwonić.** *prrosheh do m-n'yeh za-dzvon'eetch'*
I'll give you a call.	**Zadzwonię do pana.** *za-dzvon'yeh do pana*
Where's the nearest telephone booth?	**Gdzie jest najbliższa budka telefoniczna?** *g-djyeh yest nay-bleesh-sha bootka telefo-neechna*
May I use your phone?	**Czy mogę zadzwonić?** *chi mogeh za-dzvon'eetch'*
It's an emergency.	**To nagły wypadek.** *to nag-wi vipadek*
I'd like to call someone in England.	**Chciał(a)bym zatelefonować do Anglii.** *h-tch'yahw(a)-bim zatelefo-novatch' do an-glee*
What's the area [dialling] code for …?	**Jaki jest numer kodu do …?** *yakee yest noomerr kodoo do*
I'd like a phone card, please.	**Proszę kartę telefoniczną.** *prrosheh karrteh telefo-neechnom*
What's the number for Information [Directory Enquiries]?	**Jaki jest numer do informacji?** *yakee yest noomerr do eenforr-mats-yee*
I'd like the number for …	**Chciał(a)bym numer …** *h-tch'yahw(a)-bim noomerr*
I'd like to call collect [reverse the charges].	**Chciał(a)bym zadzwonić direct.** *h-tch'yahw(a)-bim za-dz-von'eetch' direct*

Speaking Rozmowa

Hello. This is …	**Dzień dobry. Tu …** *djyen' dobrri. too*
I'd like to speak to …	**Chciał(a)bym mówić z …** *h-tch'yahw(a)-bim moovitch' z*
Extension …	**Wewnętrzny …** *vev-nench-ni*
Speak louder, please.	**Proszę mówić głośniej.** *prrosheh moovitch' gwosh'n'yey*
Speak more slowly, please.	**Proszę mówić wolniej.** *prrosheh moovitch' voln'yey*
Could you repeat that, please.	**Proszę powtórzyć.** *prrosheh pof-too-zhitch'*
I'm afraid he's/she's not in.	**Niestety nie ma go/jej.** *n'yestety n'yeh ma go/yey*
You have the wrong number.	**Pomyłka.** *pomiwka*
Just a moment, please.	**Chwileczkę.** *h-fee-lechkeh*
Hold on, please.	**Proszę poczekać.** *prrosheh pochekatch'*
When will he/she be back?	**Kiedy on/ona będzie?** *k-yedi on/ona bendjyeh*
Will you tell him/her that I called?	**Proszę powiedzieć mu/jej, że dzwoniłem.** *prrosheh pov-yedjyetch' moo/yey zheh dz-von'ee-wem*
My name is …	**Moje nazwisko …** *moyeh naz-veesko*
Would you ask him/her to call me?	**Proszę poprosić go/ją, żeby do mnie zadzwonił(a).** *prrosheh poprro-sh'eetch' go/yom zhebi do-m-n'yeh zadz-von'ee-w(a)*
I must go now.	**Muszę kończyć.** *moosheh kon'chitch'*
Thank you for calling.	**Dziękuję za telefon.** *djyen'kooyeh za telefon*
I'll be in touch.	**Będę w kontakcie.** *bendeh f kontak-tch'yeh*
Bye.	**Do widzenia.** *do veedzen'ya*

Stores & Services

Shopping centers and supermarkets are becoming increasingly common, but the majority of stores in Poland are still small and specialized. Western goods are readily available, so you need not worry if you forget your favorite shampoo.

ESSENTIAL

I'd like …	**Chciał(a)bym …**	_h-tch'yahw(a)_-bim
Do you have …?	**Czy jest …?**	_chi yest_
How much is that?	**Ile to kosztuje …?**	_eeleh to koshtooyeh_
Thank you.	**Dziękuję.**	_djyen'kooyeh_

OTWARTY	open
ZAMKNIĘTY	closed
WYPRZEDAŻ	sale

Stores and services
Sklepy i usługi
Where is ...? Gdzie jest ...?

Where's the nearest ...?	**Gdzie jest najbliższy ...?** g-djyeh yest nuy-<u>bleesh</u>-shi
Is there a good ...?	**Czy jest tam dobry ...?** chi yest tam <u>dob</u>ri
Where's the main shopping mall [centre]?	**Gdzie jest główne centrum handlowe?** g-djyeh yest <u>g-woov</u>-neh <u>tsen</u>troom hand<u>lo</u>veh
Is it far from here?	**Czy to daleko stąd?** chi to da<u>le</u>ko stont
How do I get there?	**Jak tam dojść?** yak tam <u>doysh</u>'ts'

Stores Sklepy

bakery	**piekarnia** p-ye<u>karr</u>n'ya
bank	**bank** bank
bookstore	**księgarnia** k-sh'yen'<u>garr</u>n'ya
butcher	**rzeźnik** <u>zhe-zh</u>'n'eek
camera store	**sklep fotograficzny** s-klep foto-grra<u>feech</u>-ni
cigarette kiosk	**kiosk (Ruchu)** k-yosk (<u>rroo</u>-hoo)
clothing store	**sklep odzieżowy** s-klep odje-<u>zho</u>vi
convenience store	**sklep spożywczy** s-klep spo<u>zhif</u>-chi
department store	**dom towarowy** dom tova<u>rro</u>vi
drugstore	**drogeria** dro<u>gerr</u>-ya
fish store [fishmonger]	**sklep rybny** s-klep <u>rrib</u>-ni
florist	**kwiaciarnia** k-f-ya<u>tch'yarr</u>-n'ya
gift store	**sklep z upominkami** s-klep z oopo-meen-<u>ka</u>mee
greengrocer	**sklep warzywny** s-klep va-<u>zhiv</u>-ni
health food store	**sklep ze zdrową żywnością** s-klep ze-<u>z-drro</u>vong' zhiv-<u>nosh</u>'tch'yom
jeweler	**jubiler** yoo<u>bee</u>lerr

liquor store [off-licence]	**sklep monopolowy** s-klep monopol<u>o</u>vi
music store	**sklep muzyczny** s-klep moo<u>zich</u>-ni
newsstand [newsagent]	**kiosk z gazetami** k-yosk s gaze<u>ta</u>mee
pastry shop	**sklep cukierniczy** s-klep tsook-yerr-<u>n'eet</u>chi
pharmacy [chemist]	**apteka** ap<u>te</u>ka
produce store	**sklep spożywczy** s-klep spo<u>zhif</u>-chi
shoe store	**sklep z obuwiem** s-klep z o-<u>boov</u>-yem
souvenir store	**sklep z pamiątkami** s-klep s-pam'yont-<u>ka</u>mee
sporting goods store	**sklep sportowy** s-klep sporr<u>to</u>vi
supermarket	**supermarket** sooperr-<u>marr</u>k-yet
toy store	**sklep z zabawkami** s-klep z zabaf-<u>ka</u>mee

Services Usługi

clinic	**klinika** kleen'<u>ee</u>ka
dentist	**dentysta** den<u>tis</u>ta
doctor	**lekarz** <u>le</u>kash
dry cleaner	**pralnia chemiczna** prral-n'ya he-<u>meech</u>-na
hairdresser/barber	**fryzjer** <u>frriz</u>-yerr
hospital	**szpital** <u>sh</u>-peetal
laundromat	**pralnia samoobsługowa** <u>prral</u>n'ya samo-opswoo-<u>go</u>va
optician	**optyk** <u>op</u>tik
police station	**komisariat** komee-<u>sarr</u>-yat
post office	**poczta** <u>poch</u>-ta
travel agency	**biuro podróży** <u>b-yoo</u>rro pod-<u>rroo</u>zhi

Opening hours Godziny otwarcia

Most stores are usually open from 10 a.m. to 6 p.m. or 11 a.m. to 7 p.m. Monday through Friday, and on two Saturdays per month for shorter hours. Food stores and supermarkets open early in the morning and close late in the evening. Many are also open on Saturdays and Sundays.

When does the … open/close?	**Kiedy otwarty/zamknięty jest …?** *k-yedi ot-farrti/zamkn-yenti yest*
Are you open in the evening?	**Czy otwarci jesteście wieczorami?** *chi ot-farrtch'ee yestesh-tch'ye v-yechorra-mee*
Where is the …	**Gdzie jest …** *g-dj'yeh yest*
cashier [cash desk]	**kasa** *kasa*
escalator	**schody ruchome** *shodi rroohome*
elevator [lift]	**winda** *veenda*
store directory [guide]	**tablica informacyjna** *tableetsa eenforr-matsiyna*
first [ground (U.K.)] floor	**parter** *parrterr*
second [first (U.K.)] floor	**pierwsze piętro** *p-yerrshe p-yent-rro*
Where's the … department?	**Gdzie jest dział …?** *g-dj'yeh yest djahw*

GODZINY OTWARCIA	business/opening hours
WEJŚCIE	entrance
SCHODY	stairs
SCHODY RUCHOME	escalator
TOALETA	restroom [toilet]
WINDA	elevator [lift]
WYJŚCIE	exit
WYJŚCIE AWARYJNE	emergency/fire exit

Service Usługi

Can you help me?	**Czy może mi pan pomóc?**
	chi mozheh mee pan pomoots
I'm looking for ...	**Szukam ...** *shookam*
I'm just browsing.	**Ja tylko patrzę.** *ya tilko pat-sheh*
It's my turn.	**Teraz moja kolej.** *terras moya koley*
Do you have any ...? *(singular)*	**Czy jest ...?** *chi yest*
Do you have any ...? *(plural)*	**Czy są ...?** *chi som*
I'd like to buy ...	**Chciał(a)bym kupić ...**
	h-tch'yahw(a)-bim koopeetch'
Could you show me ...?	**Czy może mi pan pokazać ...?**
	chi mozheh mee pan pokazatch'
How much is that?	**Ile to kosztuje?**
	eeleh to koshtooyeh
That's all, thanks.	**Dziękuję, to wszystko.**
	djyen'kooyeh to f-shist-ko

Dzień dobry pani/panu.	Good morning/afternoon, madam/sir.
Czym mogę służyć?	Can I help you?
Zaraz sprawdzę.	I'll just check that for you.
Czy to wszystko?	Is that everything?
Coś jeszcze?	Anything else?

– *Czym mogę służyć?*
(Can I help you?)

– Nie, dziękuję. Ja tylko patrzę.
(No, thanks. I'm just browsing.)

– *W porządku. (Okay.)*

– *Przepraszam. (Excuse me.)*

– *Tak, czym mogę służyć?*
(Yes, can I help you?)

– Ile to kosztuje? (How much is that?)

– *Hmm, zaraz sprawdzę. ...*
To kosztuje siedemdziesiąt złotych.
(Umm, I'll just check. ... It's 70 zloty.)

SAMOOBSŁUGA	self-service
WYPRZEDAŻ	clearance [sale]

Preferences   Wybór

I want something …	**Chciał(a)bym coś …** _h-tch'yahw(a)-bim tsosh'_
It must be …	**To musi być …** _to moosh'ee bitch'_
big/small	**duże/małe** _doozheh/mahwe_
cheap/expensive	**tanie/drogie** _tan'yeh/drrog-yeh_
dark/light (color)	**ciemne/jasne** _tch'yem-neh/yasneh_
light/heavy	**lekkie/ciężkie** _lek-k-yeh/tsh'yenshk-yeh_
oval/round/square	**owalne/okrągłe/kwadratowe** _ovalneh/okrron-g-weh/k-fadrra-toveh_
genuine/imitation	**prawdziwe/imitacja** _prrav-djeeveh/eemee-tats-ya_
I don't want anything too expensive.	**Nie chcę nic za bardzo drogiego.** _n'yeh-tseh neets za barrdzo drrog-yego_

Jaki … chciałby pan?	What … would you like?
kolor/kształt	color/shape
gatunek/ilość	quality/quantity
Ile pan chciałby?	How many would you like?
Jaki rodzaj chciałby pan?	What sort would you like?
W granicach jakiej ceny?	What price range are you thinking of?

Do you have anything …?	**Czy macie coś …?** _chi match'ye tsosh'_
larger/smaller	**większego/mniejszego** _v-yenk-shego/mn-yey-shego_
better quality	**w lepszym gatunku** _v lepshim gatoon-koo_
cheaper	**tańszego** _tan'-shego_
Can you show me …?	**Czy może mi pan pokazać …?** _chi mozheh mee pan poka-zatch'_
this one/these	**ten/te** _ten/te_
that one/those	**tamten/tamte** _tamten/tamte_
the one in the window/ display case	**ten na wystawie/w gablocie** _ten na vistav-yeh/v gablotch'yeh_
some others	**jakieś inne** _yak-yesh' in-ne_

Conditions of purchase
Warunki kupna

Is there a guarantee? | **Czy to ma gwarancję?**
chi to ma gvarran-ts-yeh

Are there any instructions with it? | **Czy to ma instrukcję?**
chi to ma eens-trrook-ts-yeh

Out of stock Wyprzedane

Przykro mi, nie mamy tego.	I'm sorry, we don't have any.
Jest wyprzedane.	We're out of stock.
Czy mogę pokazać pani coś innego/inny rodzaj?	Can I show you something else/a different kind?
Czy mamy to dla pana zamówić?	Shall we order it for you?

Can you order it for me? | **Czy możecie to dla mnie zamówić?**
chi mozhetch'yeh to dla mnye zamoovitch'

How long will it take? | **Ile to będzie trwało?**
eeleh to bendjeh trrvahwo

Decisions Decyzja

That's not quite what I want. | **To nie to czego szukam.**
to n'yeh to chego shookam

No, I don't like it. | **Nie, to mi się nie podoba.**
n'yeh to mee sh'yeh n'yeh podoba

That's too expensive. | **To jest za drogie.** *to yest za drrog-yeh*

I'd like to think about it. | **Chcę się zastanowić nad tym.**
h-tseh sh'yeh zasta-noveech nad-tim

I'll take it. | **Wezmę to.** *vezmeh to*

– Dzień dobry. Szukam bluzy.
(Good morning. I'm looking for a sweatshirt.)

– Proszę bardzo. Jaki kolor pan chce?
(Certainly. What color would you like?)

– Pomarańczową i dość dużą.
(Orange, and I want something big.)

– Proszę. Ta koszuje piętnaście złotych.
(Here you are. This one is 15 zlotys.)

– Hmm, to nie to czego szukam. Dziękuję.
(Hmm, that's not quite what I want. Thank you.)

Paying Płacenie

Where do I pay?
Gdzie się płaci?
g-dj'yeh sh'yeh p-wah-tch'ee

How much is that?
Ile to kosztuje?
eeleh to kosh-tooyeh

Could you write it down, please?
Czy może pan to napisać?
chi mozheh pan to napeesatch'

Do you accept traveler's checks [cheques]?
Czy przyjmujecie travelers czeki?
chi pshiy-mooyetch'yeh travelers chekee

I'll pay by …
Zapłacę … *zapwah-tseh*

cash
gotówką *gotoof-kom*

credit card
kartą kredytową
karrtom krredi-tovom

I don't have any smaller change.
Nie mam drobniejszych.
n'yeh mam drrob-n'yey-shi-h

Sorry, I don't have enough money.
Przepraszam, ale nie mam dość pieniędzy.
pshe-prrasham a-leh n'yeh mam dos'ch' p-yen'yendzi

Could I have a receipt, please?
Czy mogę prosić o kwitek?
chi mogeh prrosh'eetch' o k-feetek

I think you've given me the wrong change.
Myślę, że dał mi pan złą resztę.
mish'leh zhe dahw mee pan zwom rresh-teh

Jak pan płaci?	How are you paying?
Ta tranzakcja nie była zaakceptowana.	This transaction has not been approved/accepted.
Ta karta straciła ważność.	This card is not valid.
Proszę o potwierdzenie tożsamości.	May I have additional identification?
Czy ma pan drobniejsze?	Do you have any smaller change?

KASA	Please pay here.
ZŁODZIEJE BĘDĄ UKARANI.	Shoplifters will be prosecuted.

Complaints Zażalenia

This doesn't work.	**To jest zepsute.** *to yest zep-sooteh*
Can I exchange this, please?	**Czy możecie to wymienić?** *chi mozhetch'yeh to vim-yen'eetch'*
I'd like a refund.	**Proszę o zwrot pieniędzy.** *prrosheh o z-vrrot p-yen'yendzi*
Here's the receipt.	**Proszę tutaj jest kwitek.** *prrosheh tootuy yest k-feetek*
I don't have the receipt.	**Nie mam kwitka.** *n'yeh mam k-feet-ka*
I'd like to see the manager.	**Chciał(a)bym rozmawiać z kierownikiem.** *h-tch'yahw(a)-bim rrozmav-yatch' s k-yerrov-n'eek-yem*

Repairs/Cleaning Naprawy/Czyszczenie

This is broken. Can you repair it?	**To jest zepsute. Czy możecie to naprawić?** *to yest zepsooteh. Chi mozhetch'yeh to naprra-veetch'*
Do you have ... for this?	**Czy macie do tego ...?** *chi match'yeh do tego*
a battery	**baterię** *baterr-yeh*
replacement parts	**części zamienne** *chehsh'tch'ee zam-yen-neh*
There's something wrong with ...	**Coś jest nie tak z ...** *tsosh' yest n'yeh tak z*
Can you ... this?	**Czy możecie to ...?** *chi mozhetch'yeh to*
clean	**wyczyścić** *vi-chish'tch'eetch'*
press	**wyprasować** *viprra-sovatch'*
patch	**załatać** *zawah-tatch'*
Could you alter this?	**Czy możecie to poprawić?** *chi mozhetch'yeh to poprra-veetch'*
When will it be ready?	**Kiedy to będzie gotowe?** *k-yedi to bendjeh gotoveh*
This isn't mine.	**To nie jest moje.** *to n'yeh yest moyeh*
There's ... missing.	**Tu brakuje ...** *too brrakooyeh*

TIME ➤ 220; DATES ➤ 218

Bank/Currency exchange
Bank/Wymiana waluty

Banks are open between 8 a.m. and 6 p.m. and can exchange cash and traveler's checks [cheques]. When changing cash and traveler's checks, you will need to show your passport. Numerous currency exchange offices (**kantory**) provide exchange services and usually have a better exchange rate than banks. Big hotels will exchange cash and traveler's checks for their guests. In large towns you may find **bankomat**, cash machines that accept Visa, MasterCard, and American Express cards. Money should not be exchanged through "dealers" in the street as, inevitably, you will be cheated or given counterfeit banknotes.

KASY	cashiers
OTWARTE/ZAMKNIĘTE	open/closed
KANTOR	currency exchange

Where's the nearest ...?	**Gdzie jest najbliższy ...?** *g-djyeh yest nuyblizh-shi*
bank	**bank** *bank*
currency exchange office [bureau de change]	**kantor** *kantorr*

Changing money Wymiana pieniędzy

Can I exchange foreign currency here?	**Czy mogę tutaj wymienić pieniądze?** *chi mogeh tootuy vim-yenitch' p-yen'yondzeh*
I'd like to change some dollars/pounds into zlotys.	**Chciał(a)bym wymienić dolary/funty na złote.** *h-tch'yahw(a)-bim vim-yenitch' dolarri/foonti na zwoteh*
I want to cash some traveler's checks [cheques].	**Chcę zrealizować czeki podróżne.** *h-tseh z-rre-alee-zovatch' chekee podroozh-neh*
What's the exchange rate?	**Jaki jest kurs waluty?** *yakee yest koors valooti*
How much commission do you charge?	**Jaka jest wasza prowizja?** *yaka yest vasha prroveez-ya*
Could I have some small change, please?	**Czy mógłbym dostać drobne?** *chi moog-bim dostatch' drrobneh*
I've lost my traveler's checks. These are the numbers.	**Zgubiłem moje travelers czeki. Tu są numery.** *z-goobee-wem moyeh travelers chekee. too som noomerri*

Security Bezpieczeństwo

Czy mogę zobaczyć ...?	Could I see ...?
pana paszport	your passport
potwierdzenie tożsamości	some identification
pana kartę bankową	your bank card
Jaki jest pana adres?	What's your address?
Gdzie pan się zatrzymał?	Where are you staying?
Proszę wypełnić ten formularz.	Fill out this form, please.
Proszę podpisać tutaj.	Please sign here.

ATMs [Cash machines] Bankomaty

Can I withdraw money on
my credit card here?

**Czy mogę tu podjąć pieniądze na
moją kartę kredytową?** *chi mogeh too
pod-yontch' p-yen'yondzeh na moyom
karrteh krredi-tovom*

Where are the ATMs
[cash machines]?

Gdzie są bankomaty?
g-djyeh som bankomati

Can I use my ... card in
the cash machine?

**Czy mogę użyć moją kartę ... w
tym bankomacie?** *chi mogeh oozhitch'
moyom karrteh ... f tim bankomatch'yeh*

The cash machine has
eaten my card.

Ten bankomat zjadł moją kartę.
ten bankomat z-yat moyom karrteh

BANKOMAT	automated teller (ATM) [cash machine]
WSZYSTKIE TRANSAKCJE	all transactions
PCHNIJ/POCIĄGNIJ/PRZYCIŚNIJ	push/pull/press

The monetary unit is the zloty (**złoty**), which is divided into 100 **groszy**.
Bank notes feature Polish kings and all coins have an emblem of the
Polish eagle on the reverse side.

10 zloty is worth about 3 U.S. dollars or about 2 pounds sterling.

Banknotes: 10, 20, 50, 100, and 200 zloty

Coins: 1, 2, 5, 10, 20, 50 groszy; 1, 2, 5 zloty

Pharmacy Apteka

Pharmacies in Poland have green **APTEKA** signs accompanied by a cross. Hours are the same as for other stores, some operate around the clock. The names and locations of these "duty" pharmacies are posted on a door or window after closing time. You will need a prescription for drugs not available over the counter. Most pharmacies nowadays sell toiletries and cosmetics, too.

Where's the nearest (all-night) pharmacy?	**Gdzie jest najbliższa (otwarta) apteka?** *g-djyeh yest nay-bleesh-sha (otfarrte) apteka*
What time does the pharmacy open/close?	**O której otwierają/zamykają aptekę?** *o-k-toorey ot-f-yerrayom/ zamikayom aptekeh*
Can you make up this prescription for me?	**Czy możecie zrobić tę receptę dla mnie?** *chi mozhetch'yeh z-rrobeetch' teh rretsepteh dla mn'yeh*
Shall I wait?	**Czy mam poczekać?** *chi mam pochekatch'*
I'll come back for it.	**Przyjdę po to z powrotem.** *pshiy-deh po to s povrrotem*

Dosage instructions Instrukcje dozowania

How much should I take?	**Ile mam wziąć?** *eeleh mam v-zh'yon-sh'tch'*
How many times a day should I take it?	**Ile razy dziennie mam to brać?** *eeleh rrazi dj-yen-n'yeh mam to brratch'*
Is it suitable for children?	**Czy to jest stosowne dla dzieci?** *chi to yest stosov-neh dla djye-tch'ee*

Brać	Take …
... tabletkę/tabletki (*sing./pl.*)	… tablet(s)
... łyżeczkę/łyżeczki (*sing./pl.*)	… teaspoon(s)
przed posiłkiem/po posiłku	before/after meals
z wodą	with water
całą/całe (*sing./pl.*)	whole
rano/wieczorem	in the morning/at night
przez ... dni	for … days

Asking advice Pytanie o poradę

I'd like some medicine for …?	**Chciał(a)bym lekarstwo na …** _h-tch'yahw(a)_-bim le_karrst_-fo na
a cold	**przeziębienie** pshe-_zh'yemb_-yen'yeh
a cough	**kaszel** _kashel_
diarrhea	**biegunkę** b-ye_goon_-keh
a hangover	**kaca** _katsa_
hay fever	**katar sienny** _katarr sh'yen_-ni
insect bites	**ugryzienia przez owady** oogri-_zh'yen_'ya pshes o_va_di
a sore throat	**ból gardła** bool _garrd_-wa
sunburn	**oparzenie słoneczne** opa_zhen_'yeh swo_nechn_eh
motion [travel] sickness	**chorobę morską** horr_obeh morrs_-kom
an upset stomach	**rozstrój żołądka** _ros_-strooy zho-_wont_ka
Can I get it without a prescription?	**Czy mogę to dostać bez recepty?** chi _mogeh_ to _dos_-tatch' bes rre-_tsepti_
Can I have some …?	**Czy mogę prosić …?** chi _mogeh_ prr_osh_'eetch'
antiseptic cream	**krem antyseptyczny** krrem antise_ptich_-ni
aspirin(s)	**aspirynę** aspee-_rrineh_
condoms	**prezerwatywy** prrezerrva_tivi_
cotton [cotton wool]	**watę** _vateh_
gauze [bandages]	**bandaż** _bandazh_
insect repellent	**środek odstraszający owady** sh'rrodek ot-strrasha-_yontsi_ o_va_di
painkillers	**środki przeciwbólowe** sh'rrot-kee pshe-tch'eef-boo_loveh_
vitamins	**witaminy** veeta_mee_ni

Toiletries Kosmetyki

I'd like some …	**Chciał(a)bym …** _h-tch'yahw(a)-bim_
after-shave	**wodę po goleniu** _vodeh po golen'yoo_
after-sun lotion	**płyn po opalaniu** _p-win po opalan'yoo_
deodorant	**dezodorant** _dezodorrant_
razor blades	**żyletki/nożyki** _zhilet-kee/nozhi-kee_
sanitary napkins [towels]	**podpaski higieniczne** _potpaskee heeg'yen'eechneh_
soap	**mydło** _midwo_
sun block	**krem z filtrem blokującym UV** _krrem s-feelt-rrem blokooyontsim oo-voo_
sunscreen	**krem do opalania z filtrem UV** _krrem do-opalan'ya s feelt-rrem oo-voo_
factor …	**z filtrem numer …** _s feelt-rrem noomerr_
tampons	**tampony** _tamponi_
tissues	**chusteczki papierowe** _hoos-techkee pap-yerroveh_
toilet paper	**papier toaletowy** _pap-yerr to-aletovi_
toothpaste	**pastę do zębów** _pasteh do zemboof_

Haircare Pielęgnacja włosów

comb	**grzebień** _g-zheb-yen'_
conditioner	**odżywka** _od-zhifka_
hair mousse/gel	**pianka/żel do włosów** _p-yanka/zhel do v-wosoof_
hair spray	**lakier do włosów** _lak-yerr do v-wosoof_
shampoo	**szampon** _shampon_

For the baby Dla dziecka

baby food	**jedzenie dla dzieci** _yedzen'yeh dla dje-tch'ee_
baby wipes	**wilgotne chusteczki** _veelgot-neh hoos-techkee_
diapers [nappies]	**pieluszki** _p-yeloosh-kee_
sterilizing solution	**płyn do sterylizowania** _p-win do sterri-leezo-van'ya_

Clothing Odzież

Poles are fashion conscious and generally well dressed. You will find lots of boutiques and clothing stores selling Polish and imported garments. In large cities there are foreign boutiques, which are very expensive.

ODZIEŻ DAMSKA	ladieswear
ODZIEŻ MĘSKA	menswear
UBRANIA DLA DZIECI	childrenswear

General Pytania ogólne

I'd like … | **Chciał(a)bym …** _h-tch'yahw(a)-bim_

Do you have any …? | **Czy macie …?** _chi match'ye_

Color Kolor

I'm looking for something in … | **Szukam czegoś w kolorze …**
shookam chegosh' f kolo-zheh

beige | **beżowym** _bezhovim_

black | **czarnym** _charrnim_

blue | **niebieskim** _n'yeb'yeskeem_

brown | **brązowym** _brronzovim_

green | **zielonym** _zh'yelonim_

gray | **szarym** _sharrim_

orange | **pomarańczowym** _pomarran'chovim_

pink | **różowym** _rroozhovim_

purple | **fioletowym** _f-yoletovim_

red | **czerwonym** _cherrvonim_

white | **białym** _b-yahwim_

yellow | **żółtym** _zhoowtim_

light … | **jasno …** _yasno_

dark … | **ciemno …** _tch'yem-no_

I want a darker/lighter shade. | **Chciał(a)bym ciemniejszy/jaśniejszy odcień.**
h-tch'yahw(a)-bim tch'yem-n'yey-shi/yash'n'yey-shi ot-tch'yen'

Do you have the same in …? | **Czy macie to samo w kolorze …?**
chi match'yeh to samo f kolozheh

Clothes and accessories
Ubrania i dodatki

belt	**pasek** _pasek_
bikini	**bikini** _beekeen'ee_
blouse	**bluzka** _blooska_
bra	**biustonosz** _b-yoosto-nosh_
briefs	**majtki** _muytkee_
cap	**czapka** _chapka_
coat	**płaszcz** _p-wahsh-ch_
dress	**sukienka** _sook'yenka_
handbag / hat	**torebka/kapelusz** _torrepka/kapeloosh_
jacket (woman's/man's)	**żakiet/marynarka** _zhak'yet/marrinarrka_
jeans	**dżinsy** _jeensi_
leggings	**leginsy** _legeensi_
pants (U.S.)	**spodnie** _spodn'yeh_
panty hose [tights]	**rajstopy** _ruystopi_
raincoat	**płaszcz przeciwdeszczowy** _p-wahsh-ch pshetch'eef-desh-chovi_
scarf	**szalik** _shaleek_
shirt (men's)	**koszula** _koshoola_
shorts	**szorty** _shorrti_
skirt	**spódnica** _spood-n'eetsa_
socks	**skarpetki** _skarrpetkee_
stockings	**pończochy** _pon'chohi_
suit (man's)/tie	**garnitur/krawat** _garrn'eetoorr/krravat_
sweater	**sweter** _s-feterr_
sweatshirt	**bluza** _blooza_
swimming trunks	**kąpielówki** _komp-yeloof-kee_
swimsuit	**kostium kąpielowy** _kost-yoom komp-yelovi_
T-shirt	**Tshirt** _tee-sherrt_
trousers	**spodnie** _spodn'yeh_
underpants	**kalesony** _kalesoni_
with long/short sleeves	**z długimi/krótkimi rękawami** _z dwoogee-mee/krroot-keemee renka-vamee_
with a V-/round neck	**w serek/pod szyję** _f serek/pot-shi-yeh_

Shoes Buty

boots	**botki** _botkee_
flip-flops	**klapki** _klapkee_
running [training] shoes	**buty sportowe** _booti sporrtoveh_
sandals	**sandały** _sandahwi_
shoes	**buty** _booti_
slippers	**pantofle** _pantofleh_

Walking / Hiking gear Sprzęt na wycieczki piesze

knapsack	**plecak** _pletsak_
walking boots	**buty turystyczne** _booti toorristich-neh_
waterproof jacket [anorak]	**kurtka wodoodporna** _koorrtka vodo-otporrna_
windbreaker [cagoule]	**wiatrówka** _v-yatrroofka_

Fabric Materiał

I want something in ...	**Chciał(a)bym coś z ...** _h-tch'yahw(a)-bim tsosh' z_
cotton	**bawełny** _bavehwni_
denim	**drelichu** _drrelee-hoo_
lace	**koronki** _korronkee_
leather	**skóry** _skoorri_
linen	**lnu** _l-noo_
wool	**wełny** _vehwni_
Is this ...?	**Czy to jest ...?** _chi to yest_
pure cotton	**czysta bawełna** _chista bavehwna_
synthetic	**włókno syntetyczne** _v-wookno sinte-tichneh_
Is it hand/machine washable?	**Czy to można prać ręcznie/w pralce?** _chi to mozhna p-rratch' rrench-n'yeh/ f prraltseh_

NIE PRAĆ CHEMICZNIE	do not dry clean
NIE PRASOWAĆ	do not iron
PRAĆ CHEMICZNIE	dry clean only
PRAĆ RĘCZNIE	hand wash only

Does it fit? Czy to pasuje?

Can I try this on?	**Czy mogę to przymierzyć?**
	chi mogeh to pshim-ye-zhitch'
Where's the fitting room?	**Gdzie jest przymierzalnia?**
	g-djeh yest pshim-ye-zhaln'ya
It fits well. I'll take it.	**To pasuje. Wezmę to.**
	to pasooyeh. vezmeh to
It doesn't fit.	**To nie pasuje.** *to n'yeh pasooyeh*
It's too …	**To jest za …** *to yest za*
short/long	**krótkie/długie** *krroot-k-yeh/d-woog-yeh*
tight/loose	**ciasne/luźne** *tch'yasneh/loozh'neh*
Do you have this in size …?	**Czy macie rozmiar …?**
	chi match'yeh rrozm-yarr
What size is this?	**Jaki to rozmiar?** *yakee to rrozm-yarr*
Could you measure me, please?	**Czy może pan mnie zmierzyć?**
	chi mozheh pan m-n'yeh z-m-ye-zhitch'
I don't know Polish sizes.	**Nie znam się na polskich rozmiarach.**
	n'ye znam sh'yeh na polskeeh rrozm'yarrah

Size Rozmiar

	Dresses/Suits						Women's shoes			
American	8	10	12	14	16	18	6	7	8	9
British	10	12	14	16	18	20	$4^{1/2}$	$5^{1/2}$	$6^{1/2}$	$7^{1/2}$
Continental	36	38	40	42	44	46	37	38	40	41

	Shirts				Men's shoes							
American } British	15	16	17	18	5	6	7	8	$8^{1/2}$	9	$9^{1/2}$	10 11
Continental	38	41	43	45	38	39	41	42	43	43	44	44 45

XDUŻY	extra large (XL)
DUŻY	large (L)
ŚREDNI	medium (M)
MAŁY	small (S)

1 centimeter (cm.) = 0.39 in.   1 inch = 2.54 cm.
1 meter (m.) = 39.37 in.   1 foot = 30.5 cm.
10 meters = 32.81 ft.   1 yard = 0.91 m.

Health and beauty
Zdrowie i uroda

I'd like a …	**Chciał(a)bym …**
	h-tch'yahw(a)-bim
facial	**oczyszczanie skóry**
	ochish-chan'yeh skoorri
manicure	**manicure** *maneek-yoorr*
massage	**masaż** *masazh*
waxing	**depilację** *depeelats-yeh*

Hairdresser Fryzjer

You should leave a tip of at least 5 zloty for a shampoo, cut, and blow-dry, and more if you had your hair permed or colored.

I'd like to make an appointment for …	**Chciał(a)bym umówić się na …**
	h-tch'yahw(a)-bim oo-mooveetch' sh'yeh na
Can you make it a bit earlier/later?	**Czy może to być trochę wcześniej/później?**
	chi mozheh to bitch' trroheh f-chesh'n'yey/poozh'n'yey
I'd like a …	**Chciał(a)bym …** *h-tch'yahw(a)-bim*
cut and blow-dry	**strzyżenie i suszenie z modelowaniem**
	s-tshi-zhen'yeh ee sooshen'yeh z-modelo-van'yem
shampoo and set	**mycie z ułożeniem**
	mitch'yeh z oowo-zhen'yem
trim	**podstrzyżenie** *pots-tshi-zhen'yeh*
I'd like my hair …	**Chciał(a)bym mieć zrobione/-ą …**
	h-tch'yahw(a)-bim m-yetch' zrrob-yoneh/-om
highlighted	**pasemka** *pasemka*
permed	**trwałą** *trr-fahwom*
Don't cut it too short.	**Proszę nie strzyc za krótko.**
	prrosheh n'yeh s-tshits za krrootko
A little more off the …	**Troszeczkę więcej z …**
	trroshech-keh v-yentsey z
back/front	**tyłu/przodu** *tiwoo/pshodoo*
neck/sides/top	**szyi/boków/góry** *shi-ee/bokoof/goorri*
That's fine, thanks.	**Tak jest dobrze. Dziękuję.**
	tak yest dobrze. djyen'kooyeh

Household articles
Artykuły gospodarstwa domowego

I'd like a(n)/some …	**Chciał(a)bym …** _h-tch'yahw(a)-bim_
adapter	**adapter** _adapterr_
alumin(i)um foil	**folię aluminiową** _fol-yeh aloomeen'yovom_
bottle opener	**otwieracz do butelek** _ot-f-yerrach do bootelek_
can [tin] opener	**otwieracz do puszek** _ot-f-yerrach do pooshek_
clothes pins [pegs]	**spinacze do bielizny** _speenache do b-yeleez-ni_
corkscrew	**korkociąg** _korrko-tch'yonk_
light bulb	**żarówkę** _zharroofkeh_
matches/paper napkins	**zapałki/serwetki papierowe** _zapahwkee/serrvetkee pap-yerroveh_
plastic wrap [cling film]	**folię do żywności przylegającą** _fol-yeh do zhiv-nosh'tch'ee_ _pzhi-legayon-tsom_
scissors/screwdriver	**nożyczki/śrubokręt** _nozhich-kee/sh'rroobo-krrent_

Cleaning items Artykuły do czyszcznia

bleach	**chlorek** _h-lorrek_
dishcloth	**zmywak** _z-mivak_
dishwashing [washing-up] liquid	**płyn do zmywania** _p-win do z-mivan'ya_
garbage [refuse] bags	**worki na śmieci** _vorrkee na sh'm'yetch'ee_
detergent [washing powder]	**proszek do prania** _prroshek do prran'ya_

Dishes [Crockery]/Utensils [Cutlery]
Nakrycia stołowe/Sztućce

bowls/cups	**miski/filiżanki** _meeskee/feelee-zhankee_
forks/knives	**widelce/noże** _veedeltseh/nozheh_
spoons/teaspoons	**łyżki/łyżeczki do herbaty** _wishkee/wizhech-kee do herrbati_
glasses/mugs	**szklanki/kubki** _sh-klankee/koopkee_
plates	**talerze** _talezheh_

148

Jeweler Jubiler

Could I see ...?

Czy mogę zobaczyć ...?
chi mogeh zobachitch'

this/that

to/tamto *to/tamto*

It's in the window/
display cabinet.

To jest na wystawie/w gablocie.
to yest na vistav-yeh/v gablotch'yeh

I'd like a(n)/some ...

Chciał(a)bym ... *h-tch'yahw(a)-bim*

alarm clock

budzik *boodjeek*

battery

baterię *baterr-yeh*

bracelet

bransoletkę *brran-soletkeh*

brooch

broszkę *brroshkeh*

chain

łańcuszek *wahn'tsooshek*

clock/watch

zegar/zegarek *zegarr/zegarrek*

earrings
(pierced/clips)

kolczyki/klipsy
kolchikee/kleepsi

necklace

naszyjnik *nashiy-n'eek*

ring

pierścionek *p-yerrsh'tch'yonek*

Materials Tworzywa

Is this real silver/gold?

Czy to jest prawdziwe srebro/złoto?
chi to yest prrav-djeeveh srrebrro/z-woto

Is there a certificate for it?

Czy jest na to certyfikat?
chi yest na to tserrti-feekat

Do you have anything in ...?

Czy macie coś ...? *chi match'yeh tsosh'*

copper

z miedzi *z m-yedjee*

crystal (quartz)

z kryształu *z krrish-tahwoo*

cut glass

kryształowego *krrish-tahwo-vego*

diamond

z brylantem *z brrilantem*

enamel

z emalii *z emal-yee*

gold/gold plate

ze złota/pozłacanego
ze z-wota/poz-wahtsa-nego

pearl/pewter/platinum

z pereł/z cyny/z platyny
s perrehw/s tsini/s platini

silver/silver plate

ze srebra/posrebrzanego
ze srrebrra/posrreb-zha-nego

stainless steel

ze stali nierdzewnej
ze stalee n'yerr-dzev-ney

Newsstand [Newsagent]/ Tobacconist Kiosk z gazetami/ Kiosk ruchu

Newspapers and cigarettes are sold in **kiosk ruchu**, which are either free-standing or located in buildings. Foreign papers and magazines are available in big hotels, airports, and in **MPiKs (Kluby Międzynarodowej Książki i Prasy)**, where one can read newspapers in a reading room.

Do you sell English-language books/newspapers?	**Czy sprzedajecie tu angielskie książki/ gazety?** chi s-psheda-_yetch'yeh_ too an-_g-ye_lsk-yeh _k-sh'yonsh_-kee/gaze_ti_
I'd like a(n)/some ...	**Chciał(a)bym ...** _h-tch'yahw(a)_-bim
book	**książkę** _k-sh'yonsh_-keh
candy [sweets]	**cukierki** tsook-_yerr_kee
chewing gum	**gumę do żucia** _goo_meh do _zhoo_tch'ya
chocolate bar	**batonik** ba_ton'_eek
cigarettes (pack of)	**papierosy (paczkę papierosów)** pap-ye_rro_si (_pach_keh pap-ye_rro_soof)
cigars	**cygara** tsi_ga_rra
dictionary	**słownik** _s-wovn'_eek
English–Polish	**angielsko-polski** an-_g-ye_lsko _pol_skee
envelopes	**koperty** ko_perr_ti
guidebook of ...	**przewodnik po ...** pshe_vodn'_eek po
lighter	**zapalniczkę** zapal_n'eech_-keh
magazine	**pismo** _pees_mo
map	**mapę** _ma_peh
map of the town	**mapę miasta** _ma_peh m-_yas_ta
matches	**zapałki** za_pahw_-kee
newspaper	**gazetę** ga_ze_teh
American/English	**amerykanski/angielski** amerri_kan'_skee/an-_g-ye_lskee
pen	**pióro** _p-yoor_ro
road map of ...	**mapę drogową ...** _ma_peh drro_go_vom
stamps	**znaczki** _z-nach_kee
tobacco	**tytoń** _ti_ton'

Photography Fotografowanie

I'm looking for a(n) … camera.	**Szukam … aparatu fotograficznego.** _shookam aparratoo foto-grrafeech-nego_
automatic	**automatycznego** _ahwto-matich-nego_
disposable	**jednorazowego** _yedno-rrazovego_
SLR	**lustrzanki jednoobiektywowej** _loost-shan-kee yedno-ob-yekti-vovey_
I'd like a(n) …	**Chciał(a)bym …** _h-tch'yahw(a)-bim_
battery	**baterię** _baterr-yeh_
camera case	**futerał na aparat fotograficzny** _foo-terrahw na aparrat foto-grrafeech-ni_
electronic flash/filter	**flesz/filtr** _flesh/feel-trr_
lens/lens cap	**obiektyw/nakrywkę na obiektyw** _ob-yek-tif/nakrrif-keh na ob-yek-tif_

Film/Processing Film/Wywoływanie

I'd like (a) … film.	**Chciał(a)bym … film.** _h-tch'yahw(a)-bim feelm_
black and white/color	**biało-czarny/kolorowy** _b-yahwo-charrni/kolorrovi_
24/36 exposures	**dwadzieścia cztery zdjęcia/trzydzieści sześć zdjęć** _d-vadjesh'tch'ya ch-terri zd-yen'tch'ya/tshidj'yesh'tch'ee shesh'tch' zd-yentch'_
I'd like this film developed, please.	**Chciał(a)bym wywołać ten film.** _h-tch'yahw(a)-bim vivo-wahtch' ten feelm_
Would you enlarge this, please?	**Czy mógłby pan to powiększyć?** _chi moogbi pan to pov-yenk-shitch'_
How much do … exposures cost?	**Ile kosztuje … odbitek?** _eeleh koshtooyeh … od-beetek_
When will my photos be ready?	**Kiedy zdjęcia będą gotowe?** _k-yedi zd-yen'tch'ya bendom gotoveh_
I'd like to collect my photos.	**Chcę odebrać moje zdjęcia.** _h-tseh o-de-brratch' moyeh zd-yen'tch'ya_
Here's the receipt.	**Proszę tutaj jest kwitek.** _prrosheh tootuy yest k-feetek_

Post office Poczta

The post office (**poczta**) has branches in all towns and in many towns and in many villages. It handles mail and provides telephone, fax, telegraph, and telex services. Stamps and postcards can be bought at the post office as well as at newsstands. Mailboxes are red and display the logo **Poczta Polska** (with a yellow post horn).

General queries Pytania ogólne

Where is the post office?	**Gdzie jest poczta?** g-djyeh yest <u>poch</u>ta
What time does the post office open/close?	**O której otwierają/zamykają pocztę?** ok-<u>too</u>rrey ot-f-ye<u>rra</u>yom/ zami<u>ka</u>yom pochteh
Does it close for lunch?	**Czy poczta jest zamknięta w porze obiadowej?** chi <u>poch</u>ta yest zam-k-<u>n'yen</u>ta f pozheh ob-ya<u>do</u>vey
Where's the mailbox [postbox]?	**Gdzie jest skrzynka pocztowa?** g-gjyeh yest sk-<u>shin</u>ka poch<u>to</u>va
Is there any mail for me?	**Czy jest jakaś poczta dla mnie?** chi yest <u>ya</u>kash' <u>poch</u>ta dla mn'yeh

Buying stamps Kupowanie znaczków

I'd like to send these postcards to …	**Chciał(a)bym wysłać te pocztówki do …** h-tch'<u>yahw(a)</u>-bim <u>vi</u>-swahtch' teh poch-<u>toof</u>kee do
A stamp for this postcard/letter, please.	**Proszę znaczek na tę pocztówkę/list.** <u>prro</u>sheh <u>z-na</u>chek na teh poch-<u>toof</u>keh/leest
A … zloty/groszy stamp, please.	**Proszę znaczek za … złotych/groszy.** <u>prro</u>sheh <u>z-na</u>chek za … <u>zwo</u>tih/<u>grro</u>shi
What's the postage for a letter to …?	**Jaka jest opłata na list do …?** <u>ya</u>ka yest op<u>wah</u>ta na leest do

---

– Dzień dobry. Chciałbym wysłać te pocztówki do Ameryki.
(Hello. I'd like to send these postcards to the U.S.)

– Ile? (How many?)

– Dziewięć. (Nine.)

– To będzie dwa złote razy dziewięć: osiemnaście złotych proszę.
(That's 2 zloty times nine: 18 zloty please.)

Sending packages Wysyłanie paczek

I want to send this package [parcel] by …	**Chcę wysłać tę paczkę pocztą …** *h-tseh viswahtch' teh pachkeh pochtom*
airmail	**lotniczą** *lotn'eechom*
special delivery [express]	**ekspresem** *eksprresem*
registered mail	**pocztą poleconą** *pochtom poletso-nom*
It contains …	**Ona zawiera …** *o-na zav-yerra*

Proszę wypełnić deklarację celną.	Please fill out the customs declaration.
Jaka jest jej wartość?	What's the value?
Co jest w środku?	What's inside?

Telecommunications Telekomunikacja

I'd like a phone card, please.	**Proszę kartę telefoniczną.** *prrosheh karrteh tele-foneech-nom*
10/20/50/100 units	**dziesięć/dwadzieścia/pięćdziesiąt/sto impulsów** *djyesh'yentch'/ d-va-djyesh'tch'ya/p-yen'djyesh'yont/ sto eempoolsoof*
Do you have a photocopier?	**Czy macie fotokopiarkę?** *chi match'yeh foto-kop-yarrkeh*
I'd like to send a message …	**Chciał(a)bym wysłać wiadomość …** *h-tch'yahw(a)-bim vi-swahtch' v-yado-mosh'tch'*
by e-mail/fax	**e-mailem/faksem** *eemeylem/faksem*
What's your e-mail address?	**Jaki jest adres pana e-mailu?** *yakee yest a-drres pana eemeyloo*
Can I access the Internet here?	**Czy mogę tutaj wejść na internet?** *chi mogeh tootuy vey-sh'tch' na eenterrnet*
What are the charges per hour?	**Jaka jest opłata za godzinę?** *yaka yest opwahta za go-djeeneh*
How do I log on?	**Jakie mam dać hasło?** *yakyeh mam datch' haswo*

PACZKI	packages [parcels]
NASTĘPNE WYBIERANIE POCZTY	next collection …
LISTY/POSTE RESTANTE	general delivery [poste restante]
ZNACZKI	stamps
TELEGRAMY	telegrams

Souvenirs Pamiątki

When buying any "older" item, it is important to remember that export of anything produced before May 1945 is prohibited. If you are offered goods which seem to pre-date 1945, check out the items before parting with your money to avoid disappointment at customs.

yellow amber jewelry	**biżuteria z bursztynu** *bee-zhooterr-ya z boorrsh-tinoo*
silver jewelry	**biżuteria ze srebra** *bee-zhooterr-ya ze srrebrra*
wood carving	**figurka z drewna** *fee-goorrka z drrev-na*
tapestry	**kilim** *keeleem*
pottery	**ceramika** *tserra-meeka*
embroidery	**haft** *haf-t*
hand-painted wooden box	**pudełko ręcznie malowane** *poo-dehw-ko rrench-n'yeh malovaneh*
cut glass	**kryształ** *krrish-tahw*
painting	**obraz** *obrras*
poster	**plakat** *plakat*
print	**sztych** *sh-tih*
Polish vodka	**polska wódka** *polska vootka*

Gifts Prezenty

bottle of wine	**butelka wina** *bootel-ka veena*
box of chocolates	**pudełko czekoladek** *poodehwko chekoladek*
calendar	**kalendarz** *kalendash*
key ring	**breloczek na klucze** *brrelochek na klooche*
postcard	**pocztówka** *pochtoof-ka*
souvenir guide	**przewodnik** *pshevod-n'eek*
tea towel	**ściereczka** *sh'tch'yerrechka*
T-shirt	**Tshirt** *teesherrt*

Music Muzyka

I'd like a …	**Chciał(a)bym …** *h-tch'yahw(a)-bim*
cassette	**kasetę** *kaseteh*
compact disc	**kompakt** *kompakt*
record	**płytę** *p-witeh*
videocassette	**kasetę video** *kaseteh vee-de-o*
Who are the popular native singers?	**Jacy są tutejsi pieśniarze?** *yatsi som z-nan'ee tooteysh'ee p-yesh'n'yazheh*
Who are the popular native bands?	**Jakie są tutejsze zespoły?** *yak-yeh som tooteysh'eh zespowi*

Toys and games Zabawki i gry

I'd like a toy / game …	**Chciał(a)bym zabawkę/grę …** *h-tch'yahw(a)-bim zabaf-keh/grreh*
for a boy	**dla chłopca** *dla h-woptsa*
for a 5-year-old girl	**dla pięcioletniej dziewczynki** *dla p-yen-tch'yo-letn'yey djyef-chinkee*
ball	**piłkę** *peewkeh*
chess set	**szachy** *sha-h-i*
doll	**lalkę** *lalkeh*
electronic game	**grę elektroniczną** *grreh elektrro-neech-nom*
teddy bear	**misia** *meesh'ya*
pail and shovel [bucket and spade]	**wiaderko i łopatkę** *v-yaderr-ko ee wopat-keh*

Antiques Antyki

How old is this?	**Ile to ma lat?** *eeleh to ma lat*
Can you send it to me?	**Czy możecie mi to wysłać?** *chi mozhe-tch'yeh mee to vi-swahtch'*
Will I have problems with customs?	**Czy będę miał kłopoty z cłem?** *chi bendeh m-yahw k-wopoti s ts-wem*
Is there a certificate of authenticity?	**Czy to ma świadectwo autentyczności?** *chi to ma sh'f-yadets-t-fo ahwten-tichno-sh'tch'ee*

WHO?/WHAT?/WHEN? ➤ 104

Supermarket / Minimart
Supermarket/Minimarket

There are many supermakets in Poland, offering a wide variety of goods. In large towns there are also several foreign supermarkets like *Hit*, *Auchan* or *Leclerc*. Small stores are well stocked, and there are many permanent open-air markets (**bazary**). Small towns may also have a weekly market (**targ**) where villagers sell their produce.

At the supermarket W supermarkecie

Excuse me. Where can I find ...?	**Przepraszam. Gdzie mogę znaleźć ...?** *pshe-prrasham. g-djyeh mogeh z-na-lesh'tch'*
Do I pay for this here?	**Czy ja płacę za to tutaj?** *chi ya p-wah-tseh za to tootuy*
Where are the carts [trolleys]/baskets?	**Gdzie są wózki/koszyki?** *g-djyeh som vooskee/koshiki*
Is there a ... here?	**Czy tu jest/są ...?** *chi too yest/som*
pharmacy	**apteka** *apteka*
delicatessen	**delikatesy** *delee-katesi*

CHLEB I CIASTA	bread and cakes
DRÓB	poultry
GOSPODARSTWO DOMOWE	household goods
MIĘSO	fresh meat
MROŻONKI	frozen foods
PUSZKI	canned foods
RYBY	fresh fish
ŚWIEŻE PRODUKTY	fresh produce
WINA I WÓDKI	wines and spirits
WYROBY MLECZNE	dairy products

Weights and measures

- **1 kilogram** or **kilo (kg.)** = **1000 grams (g.)**; **100 g.** = 3.5 oz.;
  1 kg. = 2.2 lb.; 1 oz. = **28.35 g.**; 1 lb. = **453.60 g.**
- **1 liter (l.)** = 0.88 imp. quart or 1.06 U.S. quart; 1 imp. quart = **1.14 l.**
  1 U.S. quart = **0.951 l.**; 1 imp. gallon = **4.55 l.**; 1 U.S. gallon = **3.8 l.**

Food hygiene Higiena żywienia

DO GOTOWANIA W MIKROFALÓWKACH	microwaveable
SKONSUMOWAĆ W CIĄGU ... DNI OD OTWARCIA	eat within ... days of opening
PRZECHOWYWAĆ W LODÓWCE	keep refrigerated
STOSOWNE DLA WEGETARIAN	suitable for vegetarians
SPOŻYĆ PRZED ...	use by ...

At the minimart W minimarkecie

I'd like some of that/those.	**Chciał(a)bym trochę tego/tamtego.** _h-tch'yahw(a)-bim trroheh tego/tamtego_
this one/that one	**to/tamto** to/tamto
these/those	**te/tamte** teh/tamteh
to the left/right	**na lewo/prawo** na levo/prravo
over there/here	**tam/tu** tam/too
Where is/are the ...?	**Gdzie jest/są ...?** g-djyeh yest/som
I'd like ...	**Chciał(a)bym ...** h-tch'yahw(a)-bim
a kilo (of) .../half a kilo (of) ...	**kilo .../pół kilo ...** keelo/poow keelo
a liter (of) .../half a liter (of) ...	**litr .../pół litra ...** leetrr/poow leetrra
two slices of ...	**dwa plasterki ...** d-va plasterrkee
apples	**jabłek** yabwek
beer	**piwo** peevo
bread	**chleb** h-lep
coffee	**kawy** kavi
cheese	**sera** serra
soft drinks	**napoje** napoyeh
cookies [biscuits]	**ciasteczek** ts'yastechek
eggs	**jajek** yayek
ham	**szynki** shinkee
jam	**dżemu** jemoo
milk	**mleka** m-leka
potato chips [crisps]	**chrupek** h-rroopek
tomatoes	**pomidorów** pomee-dorroof
That's all, thanks.	**To wszystko, dziękuję.** to f-shist-ko djyen'kooyeh

– Chciał(a)bym pół kilo sera.
  (I'd like half a kilo of cheese.)
– Ten? (This one?)
– Tak, ten. (Yes, that one.)
– Proszę bardzo … Czy to wszystko?
  (Certainly … Is that all?)
– I sześć plasterków szynki.
  (And 6 slices of ham.)
– Proszę bardzo. (Here you are.)

Provisions/Picnic Prowianty/Piknik

beer	**piwo** _peevo_
butter	**masło** _maswo_
cakes	**ciasta** _tch'yasta_
cheese	**ser** _serr_
cooked meats	**wędliny** _vend-leeni_
cookies [biscuits]	**ciasteczka/herbatniki** _ch'yas-techka/herrbat-neekee_
grapes	**winogrona** _veeno-grrona_
instant coffee	**neska** _neska_
lemonade	**lemoniada** _lemon'yada_
margarine	**margaryna** _marrgarrina_
oranges	**pomarańcze** _poma-rran'cheh_
yogurt	**jogurt** _yogoorrt_
rolls (bread)	**bułeczki** _boo-wechkee_
sausages	**kiełbasy** _k-yehw-basi_
tea bags	**herbata w torebkach** _herrbata f torrep-kah_
wine	**wino** _veeno_

Fresh bread is sold in food stores and supermarkets, but there are also many specialized bakeries. Polish bread (**chleb**) is very tasty, and there are many varieties, both light and dark. Dark rye bread (**razowy**) is delicious and commonly available. White bread (**bułki**) and rolls (**bułeczki**) are very popular too and are sold everywhere.

MEAT ➤ 46; VEGETABLES ➤ 47

Police Policja

Crime, theft, and accidents have to be reported to the police.
Police stations are marked with the **Policja** sign. If you can, take
a Polish speaker with you to act as an interpreter.

Where's the nearest police station?	**Gdzie jest najbliższy komisariat?** _g-djyeh yest nuy-bleesh-shi komeesarr-yat_
Does anyone here speak English?	**Czy ktoś tu mówi po angielsku?** _chi ktosh' too moovee po an-g-yelskoo_
I want to report a(n) …	**Chcę zgłosić …** _h-tseh z-g-wosh'eetch'_
accident	**wypadek** _vipadek_
attack	**atak** _a-tak_
mugging	**napad** _napat_
rape	**gwałt** _g-vahwt_
My child is missing.	**Moje dziecko się zgubiło.** _moyeh djetsko sh'yeh z-goobeewo_
Here's a photo of him/her.	**Tutaj jest jego/jej zdjęcie.** _tootuy yest yego/yey z-d-yen'tch'ye_
Someone's following me.	**Ktoś za mną chodzi.** _ktosh' za-mnom hodjee_
I need an English-speaking lawyer.	**Proszę o prawnika mówiącego po angielsku.** _prrosheh o-prrav-n'eeka moov-yontsego po an-g-yelskoo_
I need to make a phone call.	**Muszę zatelefonować.** _moosheh zatelefo-novatch'_
I need to contact the … Consulate	**Muszę skontaktować się z … Konsulatem.** _moosheh skontak-tovatch' sh'yeh z … konsoo-latem_
American/British	**amerykańskim/brytyjskim** _amerrikan'skeem/brritiy-skeem_

Czy może pan jego/ją opisać?	Can you describe him/her?
mężczyzna/kobieta	male/female
blondyn(ka)/brunet(ka)	blond(e)/brunette
rudy (ruda)/siwy (siwa)	red-headed/gray-haired
długie/krótkie włosy/łysiejący	long/short hair/balding
wrost około …	approximate height …
wiek (około) …	aged (approximately) …
Był ubrany/Była ubrana …	He/She was wearing …

CLOTHES ➤ 144; COLOR ➤ 143

Lost property / Theft Zguba/Kradzież

I want to report a theft.	**Chcę zgłosić kradzież.** h-tseh z-gwosh'eetch' krradjyesh
My … has been stolen from my car.	**Ukradli mi … z mojego samochodu.** ookrrad-lee mee … z moyego samo-hodoo
I've been robbed.	**Zostałem okradziony.** zo-stahwem okrra-djoni
I've been mugged.	**Napadnięto na mnie.** Napad-n'yento na mn'yeh
I've lost my credit cards.	**Zgubiłem móje karty kredytowe.** z-goobee-wehm moyeh karrti krreditove
My … has been stolen.	**Ukradli mi …** ookrrad-lee mee
camera	**aparat fotograficzny** aparrat foto-grrafich-ni
(rental) car	**(wynajęty) samochód** (vina-yenti) samo-hoot
handbag / money	**torebkę/pieniądze** torrep-keh/p-yen'yon-dzeh
passport	**paszport** pashporrt
purse / wallet	**portmonetkę/portfel** porrt-monet-keh/porrt-fel
ticket	**bilet** beelet
watch	**zegarek** zegarrek
What shall I do?	**Co mam zrobić?** tso mam z-rro-beetch'
I need a police report for my insurance claim.	**Muszę mieć raport z policji dla uzyskania odszkodowania z ubezpiecznia.** moosheh m-yetch' rraporrt s poleets-yee dla oozis-kan'ya ot-shkodo-van'ya z oobes-p-yechen'ya

Co było wzięte?	What's been taken?
Kiedy to było ukradzione?	When was it stolen?
Kiedy to się stało?	When did it happen?
Gdzie pan się zatrzymał?	Where are you staying?
Skąd to było wzięte?	Where was it taken from?
Gdzie pan był w tym czasie?	Where were you at the time?
Organizujemy tłumacza dla pana.	We're getting an interpreter for you.
Zajmiemy się tym.	We'll look into the matter.
Proszę wypełnić ten formularz.	Please fill out this form.

Health

Doctor (general) Lekarz (pytania ogólne)

First aid is provided free of charge in hospital emergency rooms. But before you go to Poland it is a good idea to take out comprehensive health insurance, as you may have to pay for other hospital treatment. While in the hospital you will need to have your passport with you. Qualified pharmacists can provide help for minor health problems, and in many cases a local doctor will see you for a moderate fee.

Where can I find a hospital/ dental office [surgery]?
Gdzie mogę znaleźć szpital/przychodnię dentystyczną? g-djyeh _mogeh znalesh'tch' sh-peetal_/pshi-_hod_-n'yeh dentis-_tich_nom

Where can I find a doctor/ dentist who speaks English?
Gdzie jest lekarz/dentysta mówiący po angielsku? g-djyeh yest _lekash_/den_tista moov-yonts_i po an-_g-yel_skoo

What are the office [surgery] hours?
Jakie są godziny otwarcia przychodni? _yak_-yeh som god_jee_ni ot-_farrt_ch'ya pshi-_hod_-n'ee

Could the doctor come to see me here?
Czy lekarz może przyjść tutaj mnie zbadać? chi _lekash mozheh_ pshiy-sh'tch' _tootuy_ m-n'yeh _z-badatch'_

Can I make an appointment for ...?
Czy mogę zamówić wizytę na ...? chi _mogeh_ za_moo_veetch' vee-_zi_teh na

today/tomorrow
dzisiaj/jutro _djeesh'yuy_/_yoo_trro

as soon as possible
jak najbliższy termin yak nuy-_bleesh_-shi _terr_-meen

It's urgent.
To jest pilne. to yest _peel_neh

I have an appointment with Doctor ...
Mam wizytę u doktora ... mam vee-_zi_teh oo dok_torr_a

TIME ➤ 220; DATES ➤ 218

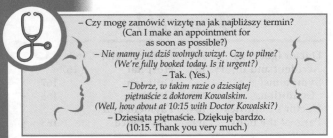

– Czy mogę zamówić wizytę na jak najbliższy termin?
(Can I make an appointment for
as soon as possible?)
– Nie mamy już dziś wolnych wizyt. Czy to pilne?
(We're fully booked today. Is it urgent?)
– Tak. (Yes.)
– Dobrze, w takim razie o dziesiątej
piętnaście z doktorem Kowalskim.
(Well, how about at 10:15 with Doctor Kowalski?)
– Dziesiąta piętnaście. Dziękuję bardzo.
(10:15. Thank you very much.)

Accident and injury   Wypadek i obrażenia

My husband/son is injured.	**Mój mąż/syn jest ranny.** *mooy monsh/sin yest rran-ni*
My wife/daughter is injured.	**Moja żona/córka jest ranna.** *moya zhona/tsoorrka yest rran-na*
My child is injured.	**Moje dziecko jest ranne.** *moyeh djyets-ko yest rran-ne*
My friend is injured. (*male/female*)	**Mój przyjaciel/Moja przyjaciółka jest ranny/ranna.** *mooy pshi-ya-tch'yel/ moya pshi-ya-tch'oowka yest rran-ni/rran-na*
He/She is unconscious.	**On/Ona jest nieprzytomny/nieprzytomna.** *on/o-na yest n'yepshi-tom-ni/ n'yepshi-tom-na*
He/She is bleeding (heavily).	**On/Ona (bardzp) krwawi.** *on/o-na (barrdzo) krr-fa-vee*
I have a(n)…	**Mam …** *mam*
blister/boil	**pęcherz/wrzód** *peng'-hesh/v-zhoot*
bruise/burn	**stłuczenie/oparzenie** *s-twoo-chen'yeh/o-pazhen'yeh*
cut/graze	**ranę ciętą/zadrapanie** *rraneh tch'yentom/zadrra-pan'yeh*
insect bite/sting	**ugryzienie przez owada/użądlenie** *oogrri-zh'yen'yeh pszes ovada/ oozhon-dlen'yeh*
lump/rash	**guz/wysypkę** *goos/visipkeh*
strained muscle/swelling	**naciągnięty mięsień/opuchnięcie** *natch'yon-g-n'yenti m-yen'sh'yen'/ opooh-n'yen-tch'yeh*
My … hurts.	**Boli mnie …** *bolee m-n'yeh*

Symptoms Objawy

I've been feeling ill for ... days.	**Czuję się chory od ... dni.** _chooyeh sh'yeh horri ot ... d-n'ee_
I feel faint.	**Jest mi słabo.** _yest mee swahbo_
I have a fever.	**Mam gorączkę.** _mam gorronch-keh_
I've been vomiting.	**Wymiotuję.** _vim-yotooyeh_
I have diarrhea.	**Mam biegunkę.** _mam b-yegoonkeh_
It hurts here.	**Boli mnie tutaj.** _bolee m-n'yeh tootuy_
I have a cold.	**Jestem zaziębiony.** _yestem zazh-yemb-yoni_
I have (a/an) ...	**Mam ...** _mam_
backache	**ból pleców** _bool pletsoof_
cramps	**skurcze** _skoorr-cheh_
earache	**ból ucha** _bool oo-ha_
headache	**ból głowy** _bool g-wovi_
sore throat	**ból gardła** _bool garrd-wah_
stomachache	**ból brzucha** _bool bzhoo-ha_
sunstroke	**udar słoneczny** _oo-darr swonech-ni_

Conditions Problemy zdrowotne

I have arthritis.	**Mam artretyzm.** _mam arr-trre-tiz-m_
I have asthma.	**Mam astmę.** _mam ast-meh_
I am ...	**Jestem ...** _yestem_
deaf	**głuchy** _g-woo-hi_
diabetic	**cukrzykiem** _tsook-shik-yem_
epileptic	**epileptykiem** _epee-leptik-yem_
handicapped	**nepełnosprawny** _n'ye-pehwno-sprrav-ni_
(... months) pregnant	**(... miesięcy) w ciąży** _(... m-yesh'yentsi) f tch'yong'zhi_
I have a heart condition.	**Jestem chory na serce.** _yestem horri na serr-tseh_
I have high/low blood pressure.	**Mam wysokie/niskie ciśnienie.** _mam visok-yeh/neesk-yeh tch'eesh'n'yen'yeh_
I had a heart attack ... years ago.	**Miałem zawał serca ... lat temu.** _m-yahwem za-vahw serrtsa ... lat-temoo_

163

Doctor's inquiries Pytania lekarza

Od jak dawna pan się tak czuje?	How long have you been feeling like this?
Czy to pierwszy raz ma pan takie objawy?	Is this the first time you've had this?
Czy bierze pan jakieś inne leki?	Are you taking any other medication?
Czy jest pan na coś uczulony?	Are you allergic to anything?
Czy był pan szczepiony na tężec?	Have you been vaccinated against tetanus?
Czy ma pan apetyt?	Is your appetite okay?

Examination Badanie

Zmierzę pana temperaturę/ ciśnienie.	I'll take your temperature/ blood pressure.
Proszę podwinąć rękaw.	Roll up your sleeve, please.
Proszę rozebrać się do pasa.	Please undress to the waist.
Proszę się położyć.	Please lie down.
Otworzyć usta.	Open your mouth.
Oddychać głęboko.	Breathe deeply.
Proszę kaszlnąć.	Cough, please.
Gdzie boli?	Where does it hurt?
Czy boli tutaj?	Does it hurt here?

Diagnosis Diagnoza

Chcę wysłać pana na rentgen.	I want you to have an X-ray.
Chcę pobrać próbkę krwi/ stolca/moczu.	I want a specimen of your blood/stool/urine.
Chcę wysłać pana do specialisty.	I want you to see a specialist.
Chcę wysłać pana do szpitala.	I want you to go to the hospital.
Jest złamane/skręcone.	It's broken/sprained.
To jest zwichnięte/naderwane.	It's dislocated/torn.

Ma pan ...	You have (a/an) ...
zapalenie wyrostka robaczkowego	appendicitis
zapalenie pęcherza	cystitis
grypę	flu
zatrucie pokarmowe	food poisoning
złamanie	fracture
nieżyt żołądka	gastritis
hemoroidy	hemorrhoids
przepuklinę	hernia
zapalenie ...	inflammation of ...
odrę	measles
zapalenie płuc	pneumonia
zapalenie nerwu kulszowego	sciatica
anginę	tonsilitis
nowotwór	tumor
chorobę weneryczną	venereal disease
To jest zainfekowane.	It's infected.
To jest zakaźne.	It's contagious.

Treatment Leczenie

Dam panu ...	I'll give you a(n) ...
antyseptyk	antiseptic
środek przeciwbólowy	painkiller
Przepiszę panu ...	I'm going to prescribe ...
kurs antybiotyku	a course of antibiotics
czopki	some suppositories
Czy jest pan uczulony na jakieś leki?	Are you allergic to any medication?
Proszę brać jedną tabletkę ...	Take one pill ...
co ... godzin	every ... hours
... razy dziennie	... times a day
przed/po posiłku	before/after each meal
w przypadku bólu	in case of pain
przez ... dni	for ... days
Proszę skonsultować się z lekarzem po powrocie do domu.	Consult a doctor when you get home.

Parts of the body Części ciała

appendix	**wyrostek robaczkowy**	*virros-tek rrobach-kovi*
arm	**ramię**	*rram-yeh*
back	**plecy**	*pletsi*
bladder	**pęcherz**	*peng'hesh*
bone	**kość**	*kosh'tch'*
breast	**pierś**	*p-yerrsh'*
chest	**klatka piersiowa**	*klatka p-yerrsh'yova*
ear	**ucho**	*oo-ho*
eye	**oko**	*o-ko*
face	**twarz**	*t-fash*
finger/thumb	**palec/kciuk**	*palets/k-tch'yook*
foot/toe	**stopa/palec u nogi**	*stopa/palets oo nogee*
gland/tonsils	**gruczoł/migdały**	*grroo-chow/meeg-dahwi*
hand	**ręka**	*rren'ka*
head	**głowa**	*g-wova*
heart	**serce**	*serr-tseh*
jaw	**szczęka**	*sh-chen'ka*
joint	**staw**	*staf*
kidney	**nerka**	*nerrka*
knee	**kolano**	*kolano*
leg	**noga**	*noga*
lip	**warga**	*varrga*
liver	**wątroba**	*von-trroba*
mouth	**usta**	*oo-sta*
muscle	**mięsień**	*m-yeng'sh'yen'*
neck	**szyja**	*shi-ya*
nose	**nos**	*nos*
rib	**żebro**	*zhebrro*
shoulder	**bark**	*barrk*
skin	**skóra**	*skoorra*
stomach	**żołądek**	*zho-wondek*
thigh	**udo**	*oo-do*
throat	**gardło**	*garrd-wo*
tongue	**język**	*yenzik*
vein	**żyła**	*zhiwa*

Gynecologist Ginekolog

I have … **Mam …** *mam*

abdominal pains **ból w dole brzucha**
bool v-doleh bzhoo-ha

period pains **bóle miesiączkowe**
booleh m-yesh'yonch-koveh

a vaginal infection **infekcję pochwy** *eenfek-ts-yeh po-h-fi*

I haven't had my period
for … months. **Nie miałam miesiączki od … miesięcy.**
*n'yeh m-yahwam m-yesh'yonch-kee
ot … m-yesh'yen-tsi*

I'm on the Pill. **Biorę pigułki antykoncepcyjne.**
b-yorreh pee-goow-kee anti-kontsep-tsiy-neh

Hospital Szpital

Please notify my family. **Proszę zawiadomić moją rodzinę.** *prrosheh
zav-yado-meetch' moyom rrodjeeneh*

I'm in pain. **Boli mnie.** *bolee m-n'yeh*

I can't eat/sleep. **Nie mogę jeść/spać.**
n'yeh mogeh yesh'tch'/spatch'

When will the doctor come? **Kiedy przyjdzie lekarz?**
k-yedi pshiy-djyeh lekash

Which section [ward]
is … in? **Na jakim oddziale jest …?**
na ya-keem od-djya-leh yest

I'm visiting … **Jestem z wizytą u …**
yestem z-vee-zitom oo

Optician Optyk

I'm near- [short-] sighted/
far- [long-] sighted. **Jestem krótkowidzem/dalekowidzem.**
yestem krrootko-veedzem/daleko-veedzem

I've lost … **Zgubiłem …** *z-goo-beewem*

one of my contact lenses **jedno szkło kontaktowe**
yed-no sh-kwo kontak-toveh

my glasses/a lens **okulary/soczewkę**
okoo-larri/sochef-keh

Could you give
me a replacement? **Czy może mi pan dać zastępcze?**
chi mozheh mee pan datch' zastemp-cheh

167

Dentist Dentysta

I have a toothache.	**Mam ból zęba.** mam bool _zemba_
This tooth hurts.	**Ten ząb mnie boli.** ten zomp m-nyeh _bolee_
I've lost a filling/tooth.	**Wypadła mi plomba/ząb.** vi_pad_-wa mee _plomba_/zomp
Can you repair this denture?	**Czy może pan naprawić/zreperować tę protezę?** chi _mozhe_ pan na_prra_-veetch'/ z-repe-_rro_vatch' teh prro_tezeh_
I don't want it extracted.	**Nie chcę żeby był wyrwany.** n'_ye_-htseh _zhe_bi biw virr-_va_ni

Zrobię panu zastrzyk znieczulający.	I'm going to give you an injection/an anesthetic.
Pan potrzebuje mieć zrobioną plombę/koronkę.	You need a filling/cap (crown).
Muszę go wyrwać.	I'll have to take it out.
Mogę to tylko naprawić tymczasowo.	I can only fix it temporarily.
Proszę nie jeść przez ... godziny.	Don't eat anything for ... hours.

Payment and insurance Płacenie i ubezpieczenie

How much do I owe you?	**Ile jestem dłużny?** _eeleh yestem d-woozh_-ni
I have insurance.	**Mam ubezpieczenie.** mam oobesp-ye-_chen_'yeh
Can I have a receipt for my insurance?	**Czy mogę dostać pokwitowanie dla mojego ubezpieczenia?** chi _mogeh dostatch'_ pok-feeto-_van_'yeh dla mo_yego_ oobesp-ye-_chen_'ya
Would you fill out this insurance form, please?	**Proszę wypełnić ten formularz dla ubezpieczenia.** prrosheh vipehw-neetch' ten forr-_moolash_ dla oobesp-ye_chen_'ya

Most terms in this dictionary are either followed by an example or cross-referenced to pages where the word appears in a phrase. Only the masculine ending of adjectives (**-y** or **-i**) is given in the dictionary. The feminine and neuter endings are **-a** and **-e** respectively.

The notes below provide some basic grammar guidelines.

Nouns and adjectives

There are three genders in Polish: masculine (m.), feminine (f.) and neuter (n.). Masculine nouns end in a consonant (**dom**) or in **-o** (**wójcio**) or in **-a** (**artysta**). Feminine nouns end in **-a** (**książka**) or **-i** (**pani**) and a few in a consonant (**sól**). Neuter nouns end in **-ę** (**kurczę**) and some in **-o** (**dziecko**). Although there are many exceptions, most masculine and feminine nouns when plural end in **-y** (**domy, kobiety**) or in **-i** (**artyści, piłki**) and most neuter nouns in **-a** (**miasta**). Adjectives agree in gender, number, and case with the noun they modify ➤ 16.

The endings of nouns vary according to their "role" in the sentence. There are seven different cases ("roles") in both the singular and plural.

Nominative: refers to the subject of the sentence.

Genitive: designates a person/object to whom/which somebody or something belongs or refers (it would be translatated by "of" in English).

Dative: designates the person/object to whom/which something is given or done.

Accusative: usually denotes the direct object of an action.

Instrumental: answers the questions "by whom?", "by what means?", "how?", etc.

Locative: is always used with a preposition (**w, na, o**).

Vocative: is usually used to address people, but can be used for inanimate objects as well.

Verbs

The infinitive of many verbs end in **-ć**, eg. **czytać** (to read), **mówić** (to say/speak), **robić** (to do). Polish verbs conjugate (change their endings) according to the subject of the verb (I, you, he/she/it, we, you (pl.), they).

	czytać (read)	mówić (say)	robić (do)		czytać (read)	mówić (say)	robić (do)
ja (I)	czytam	mówię	robię	my (we)	czytamy	mówimy	robimy
ty (you)	czytasz	mówisz	robisz	wy (you pl.)	czytacie	mówicie	robicie
on/ona/ono czyta (he/she/it)	mówi	robi	oni/one (they)	czytają	mówią	robią

Verbs normally appear in Polish without the personal pronoun because the endings of the verb indicate the subject sufficiently. However, when addressing someone in a formal situation, for the English "you" Polish uses the relevant form of **pan** (man/sir)/**pani** (woman/ma'am [madam]) with the 3rd person form (i.e. he/they form) of the verb.

A a few of ...
kilka ... 15

a little trochę 15

a lot dużo 15

a.m. przed południem n

about (approximately) około 15

abroad (be/go) za granicą/za granicę

accept, to zaakceptować 136

accept: do you accept ...? czy
akceptujecie ...?

accident (road) wypadek m
92, 159

accidentally przypadkowo 28

accountant księgowy m 121

acne trądzik m

across przez 12

acrylic (n./adj.) akryl m/akrylowy

actor/actress aktor m/aktorka f

adapter adapter elektryczny 26, 148

address adres m 23, 84, 93, 126

adjoining room pokój f obok 22

admission charge wstęp m 114

adult (n.) dorosły m 100

afraid: I'm afraid (I'm sorry)
niestety 126

after (time) po 13, 165, 221; (place)
za 95

after shave płyn po goleniu 142

after-sun lotion lotion po
opalaniu 142

afternoon: in the ~
po południu n 221

aged: to be ~ w wieku 159

ago temu 221; **... years ago** ... lat
temu 163

agree: I don't agree nie zgadzam się

air: ~ conditioning klimatyzacja f
22, 25; **~ mattress** materac
nadmuchiwany 31; **~ pump**
kompresor m 87; **~ sickness bag**
torebka na chorobę lotniczą 70

airmail lotniczy m 153

airport lotnisko n/port
lotniczy 84, 96

aisle seat miejsce przy
przejściu 69, 74

alarm clock budzik m 149

alcoholic (drink) alkoholowy

allergic: to be ~ być
uczulonym 164, 165

allergy uczulenie n

allowance ilość f 67

almost prawie

alone sam; **leave me ~!** proszę mnie
zostawić 126

already już 28

also również 19

alter, to poprawić 137

alumin(i)um foil
folia aluminiowa 148

always zawsze 13

am: I am jestem

amazing zdumiewający 101

ambassador ambasador m

ambulance karetka f 92

American (adj.) amerykański
150, 159

American Plan [A.P.] pełny pensjonat
m 24

amount (money) suma f 42

amusement arcade arkada
rozrywkowa 113

and i 19

anesthetic znieczulenie n 168

animal zwierzę n 106

anorak kurtka wodoodporna 145

another inny 21, 25; (day/time)
innego dnia m 125

antacid środek neutralizujący kwas

antibiotics antybiotyk m 165

antifreeze płyn niezamarzający

antique (n.) antyk m 155

antiseptic antyseptyczny 165; **~ cream**
krem anyseptyczny 141

any jakiś

anyone ktoś m 67; **does ~ speak English?** czy ktoś mówi po angielsku?

anything else? czy coś jeszcze?

apartment mieszkanie n 28

apologize: I apologize przepraszam

appendicitis zapalenie wyrostka robaczkowego 165

appendix wyrostek robaczkowy 166

appetite apetyt m 164

apples jabłka mpl 157

appointment: to make an ~ umówić się 147

approximately około 159

April kwiecień m 218

architect architekt m 104

are there ...? czy są ...? 17

area code kod m 127

arm ramię n 166

around *(time)* około 13; *(place)* po 12

arrive: to ~ przyjeżdżać 13, 68, 70, 71, 76

art gallery galeria sztuki 99

arthritis: to have ~ mieć artretyzm m 163

artificial sweetener słodzik m 38

artist artysta m 104

ashtray popielniczka f 39

ask: I asked for ... prosiłem o ... 41

aspirin aspiryna f 141

asthma: to have ~ mieć astmę f 163

at last! wreszcie! 19

at *(time)* o 13, 84, 221; *(place)* na 12

at least przynajmniej 23

athletics lekka atletyka f 114

attack atak m 159

attractive atrakcyjny

audioguide przewodnik słuchawkowy 100

August sierpień m 218

aunt ciotka f 120

Australia Australia f 119

authentic: is it authentic? czy to jest autentyczne?

authenticity autentyczność 155

automated teller (ATM) bankomat m 139

automatic *(car)* z automatyczą skrzynią biegów 86

automatic camera automatyczny aparat fotograficzny 151

automobile samochód m

autumn jesień f 219

available *(free)* wolne 77

avalanche lawina f

B

baby dziecko n/niemowlę n 39, 113; **~ food** jedzenie dla dzieci 142; **~-sitter** babysyterka f/opiekunka f 113; **~ wipes** wilgotne chusteczki fpl 142

back *(head)* tył m 147; *(body)* plecy n 166; **~ache** ból pleców m 163

back: to be ~ rócić 98

backpacking z plecakiem

bad zły 14

bag torba f 160

baggage bagaż m 32, 71; **~ check** przechowalnia bagażu 71, 73; **~ reclaim** odbiór bagażu 71

bakery piekarnia f 130

balcony balkon m 29

ball piłka f 155

ballet balet m 108, 111

band *(musical group)* zespół m 111, 155

bandage bandaż m 141

bank bank m 96, 130, 138

bar *(hotel)* bar m 26, 112

barber fryzjer m 131

basement suterena f

basketball koszykówka f 114

bath wanna f 21; **~room** łazienka f 29; **~ towel** ręcznik kąpielowy 27

A-Z

bathroom *(toilet)* toaleta f 26, 98, 113

battery bateria f 137, 149, 151; *(car)* akumulator m 88

battle site pole bitwy 99

be, to być 17, 121

beach plaża f 107, 116

beam *(headlights)* światła npl 86

beard broda f

beautiful piękny 14, 101

because ponieważ 15; ~ of z powodu 15

bed łóżko n 21; ~ and breakfast łóżko i śniadanie 24; ~room sypialnia f 29

bedding pościel f 29

beer piwo n 40, 157, 158

before *(time)* przed 13, 165, 221

begin, to zaczynać

beginner początkujący 117

behind za 95

beige beżowy 143

belong: this belongs to me to moja własność

belt pasek m 144

berth łóżko n 74, 77

best najlepszy

better lepszy 14

between *(time)* pomiędzy 221; ~ jobs *(unemployed)* pomiędzy pracami fpl 121

bib śliniaczek m

bicycle rower m 75, 83, 160

bidet bidet m

big duży 14, 117, 134

bigger większy 24

bikini bikini n 144

bill *(restaurant, etc.)* rachunek m 32, 42

bin liner worek na śmieci

binoculars lornetka f

bird ptak m 106

birthday/saint's day urodziny n/imieniny n 219

biscuits ciasteczka npl 157, 158

bite *(insect)* kąsać /gryźć

bitten: I've been bitten by a dog ugryzł mnie pies

bitter gorzkie 41

bizarre dziwny 101

black czarny 143; ~ coffee czarna kawa f 40; *(camera)* ~ and white film film biało-czarny 151

bladder pęcherz m 166

blanket koc m 27

bleach chlorek m 148

bleeding: he's bleeding on krwawi 162

blind żaluzja f 25

blister pęcherz m 162

blocked, to be zatkany 25

blood krew f 164; ~ group grupa krwi; ~ pressure ciśnienie n 163, 164

blouse bluzka f 144

blow-dry suszenie z modelowaniem 147

blue niebieski 143

board: on ~ w autobusie m 78

boarding card karta pokładowa 70

boat trip przejażdżka statkiem 97

boil *(ailment)* wrzód m 162

boiled gotowany

boiler boiler m 29

bone kość f 166

book książka f 150; ~store księgarnia f 130

booklet of tickets karnet biletowy 79

booted, to be mieć zablokowane koła npl 87

boots botki/buty mpl 115, 145

boring nudny 101

born: to be ~ urodzić się 119; I was ~ in urodziłem się w

borrow: may I borrow your ...? czy mogę pożyczyć ...?

botanical garden ogród botaniczny 99

bottle butelka f 37, 40; **~-opener** otwieracz do butelek 148

bowel jelito n/kiszka f

bowls miski fpl 148

box porcja f 110

boy chłopiec m 120, 155; **~friend** chłopak m 120

bra biustonosz m/stanik m 144

bracelet bransoletka f 149

brakes (bicycle) hamulce mpl 83

bread chleb m 38, 157

break, to zepsuć 28

break down, to (go wrong) zepsuć się 88; **the cooker has broken down** kuchenka zepsuła się 28

breakdown truck pomoc drogowa 88

breakfast śniadanie n 27

breast (body) pierś f 166

breathe, to oddychać 92, 164

bridge most m 95, 107

briefs (clothing) majtki n 144

bring, to przyjść z 125

Britain Wielka Brytania f 119

British (adj.) brytyjski 159

brochure broszura f

broken zepsuty 25, 137; **to be ~** (bone) być złamanym 164

bronchitis bronchit m

brooch broszka f 149

brother brat m 120

brown brązowy 143

browse, to (shop) patrzyć 133

bruise siniak m 162

bucket (toy) wiaderko n 155

building budynek m

built: to be ~ zbudować 104

bulletin board tablica informacyjna 26

bureau de change kantor m 138

burger hamburger m 40; **~ stand** kiosk z hamburgerami 35

burn oparzenie n 162

bus autobus m 70, 71, 79, 123; **~ route** trasa autobusowa 96; **~ station** stacja autobusów dalekobieżnych 78; **~ stop** przystanek autobusowy 78, 96

business: on ~ służbowo 66, 123; **~ class** klasa biznesowa 68; **to be in ~** być bizesmenem m 121

busy zajęty 36; **to be ~** być zajętym 125

but ale 19

butane gas butan m 30, 31

butcher (store) rzeźnik m 130

butter masło n 38, 158

button guzik m

buy, to kupić 79, 80, 98, 125, 133

by (place) przy 36; (time) do 13; **~ bus** autobusem m 17; **~ car** samochodem 17, 94; **~ cash** gotówką f 17; **~ credit card** kartą kredytową 17; **~ train** pociągiem m 17

bye! do widzenia!; (affectionately) pa!

C **cabaret** kabaret m 112
   café kawiarnia f 35

cagoule wiatrówka f 145

cake ciastko n 40, 158

call: to ~ wezwać 92; (telephone) zadzwonić 87, 127, 128; **to ~ collect** zadzwonić 'direct' 127; **to ~ for somebody** przyjść po kogoś 125; **~ the police!** wezwać policję! 92

called: to be called nazywać się 94

camera aparat fotograficzny 151, 160; **~ case** futerał na aparat 151; **~ store** sklep fotograficzny 130

camp, to obozować

campbed łóżko polowe 31

campsite camping m 30, 123

A-Z

can: can I have? czy mogę dostać? 18; **I can/I can't** mogę/nie mogę 18

can opener otwieracz do puszek 148

Canada Kanada f 119

canal kanał m 107

cancel, to odwołać 68

cancer *(disease)* rak m

candy cukierki mpl 150

cap *(dental)* koronka f 168; *(clothing)* czapka f 144

car samochód m 30, 73, 86, 88, 93, 123, 160; **~ park** parking m 26, 96; **~ rental** wynajmowanie samochodów 70; **by ~** samochodem m 95

car *(train compartment)* wagon m 75

carafe karafka f 37, 40

caravan karawan m 30

cards karty fpl 121

careful: be careful! ostrożnie!

carpet *(rug)* dywan m

carrier bag *(torba)* reklamówka f

carry-cot nosidełko n

cart wózek m 156

carton porcja f 110

case *(suitcase)* walizka f 69

cash *(money)* gotówka f 42, 136; **~ desk** kasa f 132; **~ machine** bankomat m 139

cash, to zrealizować 138

cashier kasa f 132

casino kasyno n 112

cassette kaseta f 155

castle zamek m 99

catch, to *(bus)* złapać

cathedral katedra f 99

Catholic katolicki 105

cave jaskinia f 107

CD płyta kompaktowa f; **~-player** odtwarzacz płyt kompaktowych

cemetery cmentarz m 99

center of town śródmieście 21

central heating centralne ogrzewanie n

ceramics ceramika f

certificate certyfikat m 149, 155

chain łańcuszek m 149

change *(money)* drobne mpl/reszta f 84, 87, 136

change, to *(bus, train)* przesiadać się 75, 79, 80; *(baby)* przewinąć 39; *(money)* wymieniać 138; *(reservation)* zmienić 68

changing facilities udogodnienia dla niemowląt 113

charcoal węgiel drzewny 31

charge opłata f 30, 115, 153

charter flight lot charterow m

cheap tani 14, 134

cheaper tańszy 21, 21, 109, 134

check: to ~ in odprawić się 68; **to ~ out** *(hotel)* wyjeżdżać 32; **~ book** książeczka czekowa f; **please ~ the ...** proszę sprawdzić ...

check-in desk stanowisko n 69

cheers! *(toast)* na zdrowie!

cheese ser m 157, 158

chemist apteka f 131

cheque book książeczka czekowa f

chess szachy mpl 121, 155

chest *(body)* klatka piersiowa 166

chewing gum guma f do żucia 150

child dziecko n 159, 162; **child's cot** łóżeczko dziecinne 22; **child's seat** krzesełko dla dziecka 39

childminder opiekun do dziecka

children dzieci npl 22, 24, 39, 66, 100, 113, 116, 120, 140

Chinese *(cuisine)* chińska 35

chocolate *(flavor)* czekoladowe 40; **~ bar** batonik m 150; **~ ice cream** [choc-ice] lód czekoladowy 110

Christmas Boże Narodzenie n 219

church kościół m 96, 99, 105

cigarette kiosk kiosk m 130

cigarettes papierosy mpl 150

cigars cygara npl 150

cinema kino n 110

claim check dowód nadania 71

clamped: to be ~ mieć zablokowane koła npl 87

clean: to clean wyczyścić 137; *(adj.)* czysty 14, 39

cliff skała f 107

cling film folia do żywności przylegająca 148

clinic klinika f 131

cloakroom szatnia f 109

clock zegar m 149

close *(near)* niedaleko/blisko 93, 95

close, to *(store, etc.)* zamykać 100, 140, 152

clothes pins [pegs] spinacze do bielizny 148

clothing store sklep odzieżowy 130

cloudy: to be ~ zachmurzenie 122

clubs *(golf)* kije golfowe 115

coach *(train compartment)* wagon m 75

coach *(long-distance bus)* autobus dalekobieżny/autokar m 78; **~ station** stacja autobusów 78

coat płaszcz m 144; **~check** szatnia f 109; **~hanger** wieszak m

cockroach karaluch m

code *(area, dialling)* kod m

coffee kawa f 40, 157

coin moneta f

cold *('flu)* przeziębienie n 141; **to have a ~** być zaziębionym 163; *(adj.)* zimny 14, 41; *(weather)* zimno 122;

collapse: he's collapsed *(on)* zasłabł

collect: to ~ odebrać 113, 151

color kolor m 143; **~ film** film kolorowy 151

comb grzebień m 142

come: to ~ przyjść 36, 124, 126; **to ~ back** *(return)* wrócić 36, 140

commission prowizja 138

compact camera mały aparat fotograficzny 151

compact disc kompakt m 155

company *(companionship)* towarzystwo n 126

company *(business)* biuro n 93

compartment *(train)* przedział m

composer kompozytor m 111

computer komputer m

concert koncert m 108, 111; **~ hall** sala koncertowa 111

concession koncesja f

concussion: he has concussion *(on)* ma wstrząs mózgu

conditioner odżywka f 142

condom prezerwatywa f 141

conductor dyrygent m 111

confirm: to ~ *(reservation)* potwierdzić 22, 68

congratulations! gratulacje!

connection *(train)* przesiadka f 76

conscious: he's conscious *(on)* jest przytomny

constant ciągły 113

constipation zatwardzenie n

consulate konsulat m 159

consult: to ~ skonsultować się 165

contact lens szkła kontaktowe 167

contact: to ~ skontaktować się 28

contageous: to be ~ być zakaźnym 165

contain: to ~ zawierać 39, 69, 153

contemporary dance taniec współczesny 111

contraceptive środek antykoncepcyjny m

cook: to ~ gotować; *(person)* kucharz m

cooked meats wędliny fpl 158
cooker kuchenka f 28, 29
cookies ciasteczka npl 157, 158
cooking (*cuisine*) kuchnia f; **~ facilities** możliwość gotowania 30
coolbox lodówka turystyczna f
copper miedź f 149
copy kopia f
corkscrew korkociąg m 148
correct poprawny/prawidłowy
cosmetics kosmetyki mpl
cost, to kosztować 84, 89
cottage domek m 28
cotton (*material*) bawełna f 145; (*cotton wool*) wata f 141
cough kaszel m 141
cough: to ~ kaszleć 164
could I have …? czy mógłbym dostać … 18
country (*nation*) kraj m; **~ music** muzyka country 111
courier (*guide*) kurier m
course (*meal*) danie n; (*medication*) kurs … 165; (*track, path*) droga f 106
cousin kuzyn m
cover charge opłata obowiązkowa 112
craft shop sklep rękodzielniczy m
cramps skurcze mpl 163
crèche żłobek m
credit card karta kredytowa 42, 109, 136, 139, 160; **~ number** numer karty kredytowej 109
crib łóżeczko dziecinne 22
crisps chrupki fpl 157
crockery naczynia kuchenne i stołowe fpl
cross (*crucifix*) krzyż m
cross: to ~ przejść 95
crowded zagęszczony 31

crown (*dental*) koronka f 168
cruise (*noun*) rejs m
crutches kule fpl
crystal (*quartz*) kryształ m 149
cup filiżanka f 39
cupboard kredens m
cups filiżanki fpl 148
currency waluta f 67, 138; **~ exchange** kantor m 70, 73, 138
curtains zasłony fpl
customs cło n 155
cut (*hair*) strzyżenie n 147; (*wound*) rana cięta 162
cut glass kryształ m 149, 154
cutlery sztućce mpl 29
cycle route szlak m rowerowy 106
cycling wyścigi rowerowe 114
cystitis zapalenie pęcherza 165
Czech Republic Czechy npl 119

D **daily** (*adj./adv.*) (co)dzienny/(co)dziennie
damaged: to be ~ zepsuty 28
damp (*noun/adj.*) wilgoć f/wilgotny
dance: to ~ tańczyć 111; (*noun*) taniec m 111
dancing: to go ~ pójść na dancing 124
dangerous niebezpieczny
dark ciemny 14, 24, 134, 143
darker ciemniejszy 143
daughter córka f 120, 162
dawn świt m 221
day dzień m 23, 97, 122, 221; **~ ticket** bilet jednodniowy m; **~ trip** wycieczka jednodniowa f
dead (*battery*) wyczerpany 88
deaf: to be ~ być głuchym 163
December grudzień m 218
deck chair leżak 116
declare: to ~ zadeklarować 67
deduct: to ~ (*money*) potrącić
deep głęboki
deep freeze zamrażarka f

defrost: to ~ rozmrozić

degrees *(temperature)* stopnie mpl

delay opóźnienie n 70

delicatessen delikatesy mpl 156

delicious smaczny 14

deliver: to ~ dostarczyć / doręczyć

denim drelich m 145

dental floss nić dentystyczna f

dentist dentysta m 131, 168

denture proteza f 168

deodorant dezodorant m 142

depart: to ~ *(train, bus)* odjeżdżać

department store dom towarowy 96, 130

departure *(train, bus)* poczekalnia f; **~ lounge** *(airport)* hala odlotów

deposit *(security)* zadatek m/kaucja f 24, 83

describe: to ~ opisać 159

destination *(travel)* cel m

details szczegóły mpl

detergent proszek do prania 148

develop: to ~ *(photos)* wywołać 151

diabetes cukrzyca f

diabetic *(noun)* cukrzyk m 39; **to be ~** być cukrzykiem 163

dialling code kod m 127

diamond brylant m 149

diapers pieluszki fpl 142

diarrhea biegunka f 141; **to have ~** mieć biegunkę f 163; **I have ~** mam biegunkę

dice kostka do gry

dictionary słownik m 150

diesel diesel 87

diet: I'm on a diet jestem na diecie

difficult trudny 14

dining: ~ car wagon restauracyjny 75, 77; **~ room** jadalnia f 26, 29

dinner: to come to ~ przyjść na kolację f 124; **~ jacket** smoking m

direct *(train, journey, etc.)* bezpośredni 75

direct: to ~ *(to a place)* wskazać kierunek 18

direction: in the direction of … w kierunku … 95

director *(company)* dyrektor m

directory *(telephone)* książka telefoniczna

dirty brudny 14, 28

disabled *(noun, plural)* niepełnosprawni mpl 22, 100

discotheque dyskoteka f 112

discount rabat m 24

dish *(meal)* danie n 37, 39

dishcloth zmywak m 148

dishwashing liquid płyn do zmywarki 148

dislocated: to be ~ być zwichniętym 164

display cabinet/case gablota f 134, 149

disposable camera aparat jednorazowy 151

distilled water woda destylowana

disturb: don't ~ nie przeszkadzać

dive: to ~ nurkować 116

diving equipment sprzęt do nurkowania 116

divorced: to be ~ rozwiedziony 120

dizzy: I feel ~ kręci mi się w głowie

do: to ~ robić 123; **what do you ~?** co pan robi? 121

do you accept …? czy przyjmujecie …? 136

doctor lekarz m 92, 131, 167

doll lalka f 155

dollar dolar m 67, 138

door drzwi n 25, 29

double: ~ bed podwójne łóżko n 21; **~ room** podwójny 21

downtown area centrum n 99

dozen tuzin 217

draft [draught] kufel piwa 40

dress suknia f/sukienka f 144

drink *(noun)* picie n/drink m 70, 125, 126; **drinking water** woda do picia 30

drip: the faucet [tap] drips kran cieknie

drive: to ~ jechać 93

driver *(car)* kierowca m

driver's license prawo jazdy 93

drop someone off, to wysadzić 83

drowning: someone is drowning ktoś tonie

drugstore drogeria f 130

drunk pijany

dry-clean: to ~ czyścić (chemicznie); **dry cleaner** pralnia chemiczna 131

dubbed, to be dabingowany 110

dummy *(pacifier)* smoczek m

during w ciągu/podczas 221

dustbins śmietniki mpl 30

duvet kołdra f

E

e-mail e-mail 153; **~ address** adres e-mailu 153

E.U. UE

ear ucho n 166; **~ drops** krople do uszu; **~ache** ból ucha 163

earlier wcześniej 125, 147

early wczesny/za wcześnie 14, 221

earrings kolczyki mpl/ klipsy mpl 149

east wschód m 95

Easter Wielkanoc f 219

easy łatwy 14

eat: to ~ jeść 123, 139, 167

economy class klasa turystyczna 68

eggs jajka npl 157

elastic *(adj.)* elastyczny

electric: ~ meter licznik elektryczny 28; **~ shaver** golarka elektryczna

electrical outlets gniazdka elektryczne 30

electronic elektroniczny 69; **~ flash** flesz m 151; **~ game** gra elektroniczna 155

elevator winda f 26, 132

else: something else coś innego

embassy ambasada f

embroidery haft m 154

emerald szmaragd m

emergency nagły wypadek m 127; **~ exit** wyjście awaryjne 132

empty pusty 14

enamel emalia f 149

end: to ~ kończyć się 108; **at the ~** na końcu 95

engaged: to be ~ zaręczony 120

engine silnik m/*(train)* lokomotywa f

engineering: to be in ~ być inżynierem m 121

England Anglia f 119

English *(language)* angielski 11, 100, 110, 150, 159; **~-speaking** mówiący po angielsku 98, 159

enjoy: to ~ podobać się 110, 124

enjoyable przyjemny 32

enlarge: to ~ *(photos)* powiększyć 151

enough dość 15, 42, 136

ensuite bathroom prywatna łazienka f

entertainment guide program rozrywek

entrance fee wtęp m 100

entry visa wiza wjazdowa

envelope koperta f 150

epileptic: to be ~ być epileptykiem 163

equipment *(sports)* sprzęt m 115

era epoka f 155

error błąd m

escalator schody ruchome 132

essential niezbędne 89

Eurocheque euroczek m

evening wieczór m 109, 124, 132;
in the ~ wieczorem m 221

every co 119; **~ day** codziennie;
~ hour co godzinę f 76; **~ week** co
tydzień m 13

examination *(medical)* badanie n

example: for ~ na przykład m

except oprócz/poza

excess baggage nadwyżka bagażu 69

exchange rate kurs 138

exchange: to ~ zamienić 137, 138

excursion wycieczka za miasto 97

excuse me *(apology)* proszę mi
wybaczyć 10; *(getting attention)*
przepraszam 10, 94; *(pardon?)*
słucham? 11

exhausted: I'm exhausted jestem
wyczerpany 106

exit wyjście n 70, 83, 132

expensive drogi 14, 134

experienced zaawansowany 117

expiration [expiry] date data
ważności 109

exposure *(photos)* zdjęcie n 151

express ekspres 153

extension wewnętrzny 128

extra *(additional)* dodatkowy 23, 27

extract: to ~ *(tooth)* wyrwać
(ząb m) 168

eye oko n 166

F **fabric** materiał m 145
face twarz f 166

facial odzyscznie skóry 147

facilities udogodnienia npl 22, 30

factor ... filtr ... 142

faint: to feel ~ być słabo 163

fairground wesołe miasteczko n 113

fall jesień 219

family rodzina f 66, 74, 120, 167

famous słynny / sławny

fan *(electric)* wiatrak
m 25; *(folding fan)*
wachlarz m

far daleko 12, 95, 130;
~-sighted dalekowidz
m 167; **how far is it?** jak
daleko to jest? 73, 94, 106

farm gospodarstwo n 107

fast: to be ~ *(of clock)*
spieszyć się 221; *(adv.)*
szybko 17, 93

fast-food restaurant
bar sałatkowy 35

father ojciec m 120

faucet kran m 25

faulty: this is faulty to jest wadliwe

favorite ulubiony

fax faks m 22, 153; **~ machine**
faks m 153

February luty m 218

feed, to nakarmić 39

feeding bottle butelka dla
niemowląt

feel ill: to ~ czuć się chorym 163

female kobieta f 159

ferry prom m 123

fever gorączka f 163

few parę 15

fiancé(e) narzeczony m/narzeczona f

field pole n 107

fifth piąty 217

fight *(brawl)* bójka f

fill: to ~ out *(a form)* wypełnić 168; **to
~ up** *(car, etc.)* nalać do pełna 87

filling *(dental)* plomba f 168

film *(camera/movie)*
film m 108, 110, 151

filter filtr m 151

find: to ~ znaleźć 18

fine *(well)* dobrze 19, 118

fine *(penalty)* kara f 93

finger palec m 166

fire: ~ **alarm** alarm pożarowy; ~ **department [brigade]** straż pożarna f 92; ~ **escape** schody pożarowe; ~ **exit** wyjście awaryjne 132; ~ **extinguisher** gaśnica f; **there's a ~!** pali się!

firewood drewno opałowe

first pierwszy 68, 75, 132, 217; ~ **class** pierwsza klasa 68, 74; ~ **floor** (U.S.) parter m 132

fish: ~ **restaurant** rybna 35; **fish ~ [fishmonger]** sklep rybny 130

fit: to ~ (clothes) pasować 146

fitting room przymierzalnia 146

fix: to ~ naprawić 168

flashlight latarka f 31

flat (puncture) przebity 83, 88

flavor: what flavors do you have? jakie smaki macie?

flea pchła f

flight lot/przelot m 68, 70; ~ **number** lot numer 68

flip-flops klapki mpl 145

floor (level) piętro n 132

florist kwiaciarnia f 130

flower kwiat m 106

flu grypa f 165

flush: the toilet won't flush nie można spuścić wody w toalecie

fly (insect) mucha f

foggy: to be ~ zamglenie 122

folk: ~ **art** sztuka ludowa; ~ **music** muzyka ludowa 111

follow: to ~ (pursue) chodzić za 159; (road/sign) jechać po 95

food jedzenie n 39, 119; ~ **poisoning** zatrucie pokarmowe 165

foot stopa f 166

football piłka nożna 114

footpath dróżka f 107

for (time) przez/na 13, 116; ~ **a day** na dzień m 86; ~ **a week** na tydzień m 86

foreign currency obca waluta f 138

forest las m 107

forget: to ~ zapomnieć 42

fork widelec m 39, 41, 148

form formularz m 23, 168

formal dress strój formalny 111

fortnight dwa tygodnie mpl

fortunately na szczęście 19

fountain fontanna f 99

four-door car czterodrzwiowy 86

four-wheel drive (car) napęd czterokołowy 86

fourth czwarty 217

foyer (hotel, theater) foyer n

fracture złamanie n 165

frame (glasses) oprawka f

free (available) wolny 36, 124; (without charge) bezpłatny 69

freezer zamrażarka f 29

French dressing winegret m 38

French fries frytki fpl 38

frequent: how frequent? jak często? 76

frequently często

fresh świeże 41

Friday piątek m 218

fried smażony

friend przyjaciel m 123, 125, 162

friendly (person) przyjazny; (place, atmosphere) przyjemny

fries frytki fpl 40

frightened: to be ~ przestraszony

from z 12, 70, 73; **from ... to** (time) od ... do 13, 221; **where are you from?** skąd pan jest pochodzi? 119

front przedni 83; (fringe) przodu 147

frosty: to be ~ mroźnie 122

frying pan patelnia f 29

fuel (gasoline/petrol) benzyna f 86

full pełny 14; **~ board** pełny pensjonat m 24; **to be ~** mieć wszystko zajęte 21, 36

fun: to have ~ bawić się

funny śmieszny 126

furniture meble mpl

fuse bezpiecznik m 28; **~ box** bezpieczniki mpl 28

G **gallon** galon m

game (sport) mecz m 114; (toy) gra f 155

garage garaż m 26, 88

garbage bags worki na śmieci 148

garden ogródek m 35

gas (fuel) benzyna f 88; **~ bottle** butla gazu 28; **~ station** stacja benzynowa 87; **I smell ~!** czuję gaz!/czuć gazem!

gastritis nieżyt żołądka 165

gate (airport) wyjście n 70

gauze bandaż m 141

gay club klub dla gayów 112

genuine prawdziwy 134

Germany Niemcy npl 119

get: to ~ (buy) kupić 30; (find) znaleźć 84; **~ back** (return) wrócić 98; **~ off** (bus, etc.) wysiąść 79; **~ to** dojechać do 70, 77; **how do I get to ...?** jak dojechać do ...? 73, 94

gift prezent m 67, 154; **~ shop** sklep upomimnkami 130

girl dziewczynka f 120, 155; **~friend** dziewczyna f 120

give: to ~ dać 136

gland gruczoł m 166

glass szklanka f 39, 148; (wine) kieliszek m 37, 40

glasses (optical) okulary mpl 167

glossy finish (photos) z połyskiem

glove rękawiczka f

go: to ~ iść/pójść 18, 124; **go on!** proszę dalej! 19; **go away!** (familiar/formal) odejdź!/proszę odejść!; **~ for a walk** pójść na spacer m 124; **~ out for a meal** pójść na kolację f 124; **~ shopping** pójść na zakupy mpl 124; **~ to** (travel to) jechać do 66, 93; **let's go!** chodźmy!; **where does this bus go?** dokąd jedzie ten autobus?

goggles gogle npl

gold złoto n 149; **~ plate** pozłacany 149

golf golf m 114; **~ course** pole golfowe 115

good dobry 14, 35, 42; **~ afternoon** dzień dobry 10; **~ evening** dobry wieczór 10; **~ morning** dzień dobry 10; **~ night** dobranoc 10

good-bye do widzenia 10

good value: to be a ~ być bardzo tanim 101

gramme (gram) gram m 157

grandparents dziadkowie mpl

grapes winogrona npl 158

grass trawa f

gray szary 143

graze zadrapanie n 162

great świetnie 19

green zielony 143

greengrocer sklep z warzywami 130

grilled z rusztu

grocer (grocery store) sklep spożywczy

ground (earth) ziemia f 31; **~ floor** (U.K.) parter m 132

groundcloth [groundsheet] podłoga namiotu 31

group grupa f 66, 100

guarantee gwarancja f 135

guesthouse pensjonat m 123

guide *(tour)* przewodnik m 98; **~book** przewodnik m 100, 150; **guided tour** grupa z przewodnikiem 100; **guided walk** wycieczka piesza z przewodnikiem 106

guitar gitara f

gum guma f

guy rope lina namiotowa 31

gynecologist ginekolog m 167

H **hair** włosy mpl 147; **~ mousse** pianka f; **~ gel** żel do włosów 142; **~ spray** lakier do włosów 142; **~cut** strzyżenie włosów; **~dresser** fryzjer m 131, 147

half pół 217; **~ board** pół-pensjonat m 24; **~ past** wpół do 220

ham szynka f 157

hammer młotek m 31

hand ręka f 166; **~ baggage** bagaż podręczny 69; **~ painted wooden box** pudełko ręcznie malowane 154; **~ washable** prać ręcznie 145; **~bag** torebka f 144, 160; **~kerchief** chusteczka f

handicap *(golf)* handicap m

handicapped: to be ~ być nepełnosprawnym 163

handicrafts wyroby rękodzielnicze

hanger wieszak m 27

hangover *(noun)* kac m 141

happen, to stać się 93

happy: I'm not happy with the service nie jestem zadowolony z obsługi

harbor port m

hard twarda 31; *(difficult)* ciężki 106

hat kapelusz m 144

have: to ~ mieć 42, 120; **could I have …?** czy mogę prosić …? 38; **does the hotel have …?** czy w hotelu jest … 22; **I'll have …** wezmę … 37

hay fever katar sienny 141

head głowa f 166; **~ waiter** kierownik sali 41; **~ache** ból głowy 163

heading: to be ~ *(direction)* jechać w kierunku m 83

health: ~ food store sklep ze zdrową żywnością 130; **~ insurance** ubezpieczenie zdrowotne 168

hear: to ~ słyszeć

hearing aid aparat słuchowy

heart serce n 166; **~ attack** zawał serca 163

hearts *(cards)* kiery mpl

heat [heating] ogrzewanie n 25

heater grzejnik m

heavy ciężki 14, 69, 117, 134

height wzrost m 159

hello dzień dobry 10, 118

help: can you help me? czy może mi pan pomóc? 18, 133

hemorrhoids hemoroidy mpl 165

her jej 16; **for her** niego 16

here tutaj 12, 17, 31, 35, 106, 119

hernia przepuklina f 165

hers jej 16; **it's hers** to (jest) jej

hi! cześć 10

high wysokie 122, 163

highlight: to ~ *(hair)* zrobić pasemka n 147

highway autostrada f 88, 92, 94

hiking wycieczki piesze

hill wzgórze n 107

him: for him niej 16

hire wynająć 83

his jego 16; **it's his** to (jest) jego

historic site miejsce historyczne 99

HIV-positive zarażony wirusem HIV
hobby (pastime) hobby n 121
hold on: to ~ (wait) poczekać 128
hole (in clothes) dziura f
holiday wakacje mpl 123; **on ~** na wakacje 66; **~ resort** miejscowość wczasowa
home do domu m 126; **we're going ~** jedziemy do domu
homosexual (adj.) homoseksualny
honeymoon: we're on honeymoon jesteśmy w podróży poślubnej
hopefully mieć nadzieję 19
horse koń m; **~ racing** wyścigi konne 114
hospital szpital m 96, 96, 131, 164, 167
hot gorący 14, 122; **~ spring** gorące źródło n; **~ water** ciepła woda f 25
hot dog hotdog m 110
hotel hotel m 21, 123
hour godzina f 97, 116; **in an ~** za godzinę f 84
house dom m; **~wife** prowadząca dom m 121
how? jak? 17; **how are things?** jak leci? 19; **how long ...?** jak długo ...? 23, 68, 75, 76, 78, 88, 94, 98, 106, 135; **how many ...?** ile ...? 15, 79, 80; **how many times ...?** ile razy ...? 140; **how much ...?** ile kosztuje 15, 21, 68, 79, 89, 100, 109, 136, 140; **how old ...?** ile ma lat ...? 120, 155; **how are you?** jak się pan ma? 118
hundred sto 217
Hungarian (cuisine) węgierska 35
hungry: I'm hungry jestem głodny
hurt: to : boleć 164; **to be ~** być rannym 92, 162; **my ... hurts** boli mnie ... 162
husband mąż m 120, 162

  I'd like ... chciałbym ... 18
I've lost zgubiłem ...

ice lód m 38; **~ cream** lody m 40;
   ~-cream parlor lodziarnia f 35
icy oblodzony 117, 122
identification identyfikacja f
ill: I'm ill jestem chory
illegal: is it illegal? czy to jest nielegalne?
imitation imitacja 134
in (place) w 12, 88; (within period of time) w ciągu 13
in front of przed 12, 125
included: to be ~ być wliczony 24, 42, 86, 98
incredible nie do wiary f 101
indicate: to ~ wskazać
indigestion niestrawność
indoor pool kryty basen 116
inexpensive niedroga 35
infected: to be ~ być zainfekowanym 165
infection infekcja f/zakażenie n 167
inflammation zapalenie n 165
informal (dress) swobodny/nieformalny
information (desk, office) informacja f 73, 96, 97
injection zastrzyk m 168
injured: to be ~ być rannym 92, 162
innocent niewinny
insect insekt m 25; **~ bite** ugryzienie owada 141, 162; **~ repellent** środek odstraszający owady 141; **~ sting** użądlenie n 162
inside w środku 12
insist: I insist nalegam
insomnia bezsenność f
instant coffee neska f 158
instead of ... zamiast ... 38
instructions instrukcja f 135
instructor instruktor m
insulin insulina f

insurance ubezpieczenie n 86, 89, 93, 160, 168; **car ~** ubezpiecznie samochodowe 86; **~ card [certificate]** karta ubezpieczeniowa 93; **~ claim** wniosek o odszkodowanie n 160

interest *(hobby)* zainteresowanie n 121

interested: to be ~ in interesować się 111

interesting interesujący 101

International Student Card międzynarodowa Karta Studenta 29

Internet internet m 153

interpreter tłumacz m 160

intersection skrzyżowanie n 95

into do 70

introduce oneself, to przedstawić się 118

invite: to ~ zaprosić 124

iodine jodyna f

Ireland Irlandia f 119

is it ...? czy to jest ...? 17

is there ...? czy jest ...? 17

Italian *(cuisine)* włoska 35

it is ... to jest ...

itch: it itches swędzi

item przedmiot m 69

itemized bill rachunek z wyszczególnionymi pozycjami 32

J **jacket** *(man's/woman's)* żakiet m/marynarka f 144

jam dżem m 157

jammed: to be ~ zacięty 25

January styczeń m 218

jaw szczęka f 166

jazz jazz m 111

jeans dżinsy n 144

jellyfish meduza f

jet lag: I'm jet lagged jestem zmęczony po długiej podróży samolotem

jet-ski narty motorowe 116

jeweler jubiler m 130, 149

jewelry biżuteria f 154

job: what's your job? czym pan się trudni?

join: to ~ (in) zapisać się 115, 117; **can we join you?** czy możemy się przyłączyć? 124

joint *(body)* staw m 166

joint passport wspólny paszport m 66

joke żart m

journalist dziennikarz m

journey podróż f 76, 78

jug *(water)* dzbanek m

July lipiec m 218

jump leads przewody rozruchowe

jumper *(U.K.)* pulower m

junction *(intersection)* skrzyżowanie n 95

June czerwiec m 218

K **keep: to ~** zatrzymać 84; **keep the change!** proszę zatrzymać resztę!

kerosene nafta f; **~ stove** prymus m 31

ketchup keczup m

kettle czajnik m 29

key klucz m 27, 28, 88

kiddie pool brodzik m 113

kidney nerka f 166

kilometer kilometr m 88

kind *(pleasant)* uprzejmy

kind: what kind of ... co to za ...

kiss: to ~ całować

kitchen kuchnia f 29

knapsack plecak m 31, 145

knee kolano n 166

knickers majtki mpl

knife nóż m 39, 41, 148

know, to znać się 146

kosher koszerny

L **label** nalepka f
lace koronka f 145

ladder drabina f

lake jezioro n 107

lamp lampa f 25, 29

land: to ~ *(airplane)* wylądować 70

language course kurs językowy

large *(size)* duży 40, 69, 110

larger większy 134

last ostatni 14, 68, 75, 80; *(previous)* w zeszłym 218

last: to ~ trwać

late późny/spóźniony 14, 221; *(delayed)* opóźniony 70

later później 125, 147

laundromat pralnia samoobsługowa 131

laundry: ~ facilities pralnia f 30; **~ service** usługi pralnicze 22

lavatory toaleta f

lawyer prawnik m 159

laxative środek przeczyszczający

lead: to ~ *(in a direction)* prowadzić 94

lead-free *(unleaded)* bezołowiowa 87

leader *(ideological/manager)* przywódca m/kierownik m

leak: to ~ *(roof, pipe)* przeciekać

learn: to ~ *(language)* uczyć się

leather skóra f 145

leave: to ~ *(depart)* odjeżdżać 76, 98; *(deposit)* zostawić 73; *(go)* iść 126; *(depart of plane)* odlatywać 68, 70; **I've left my bag** zostawiłem torbę

left: on the ~ na lewo 76, 95

left-luggage office przechowalnia bagażu 71, 73

leg noga f 166

legal: is it legal? czy to jest legalne?

leggings legginsy n 144

lemon cytryna f 38

lemonade lemoniada f 158

A-Z

lend: could you lend me ...? czy mógłbyś mi pożyczyć ...?

length *(piece)* kawałek m

lens *(glasses)* soczewka f 167; *(camera)* obiektyw m 151; **~ cap** nakrywka na objektyw 151

lesbian club klub dla lesbijek

less mniej 15

lesson lekcja f 115

let: let me know! daj mi znać!

letter list m 152; **~box** skrzynka na listy

level *(adj.)* płaska 31

library biblioteka f

lie down: to położyć się 164

life preserver [life belt] koło ratunkowe

lifeboat łódź ratunkowa

lifeguard ratownik m 116

lifejacket kamizelka ratunkowa

lift *(elevator)* winda f 26, 132; *(hitchhiking)* podwieźć 83; **~ pass** *(skiing)* bilet m 117

light *(noun)* światło m 25, 83; **~ bulb** żarówka f 148

light *(adj.) (weight)* lekki 14, 134; *(color)* jasny 14, 134, 143; **lighter** *(color)* jaśniejszy 143

lighter *(cigarette)* zapalniczka f 150

like this *(it's like this)* jak ten/tak

like: to ~ lubić 119, 121, 125; **I like ...** to mi się podoba 101, 119, 135; **I don't like ...** to mi się nie podoba 101, 119, 135; **I'd like ...** chciałbym ... 37, 49, 141, 157

limousine limuzyna f

line *(subway)* linia metra 80

linen len m 145

lip warga f 166; **~stick** szminka f

liqueur likier m

liquor store sklep monopolowy 131
liter litr m 87
little *(small)* mały
live: to ~ mieszkać 119; **to ~ together** mieszkać razem 120
liver wątroba f 166
living room salon m 29
lobby *(theater, hotel)* westybul m
local regionalny 35, 37
lock zamek m 25
lock: to ~ zatrzasnąć 88; **to ~ oneself out** zatrzasnąć sobie drzwi 27
log: to ~ on dać hasło n 153
long długi 144, 146; **~-sighted** dalekowidz m 167
long-distance bus autobus dalekobieżny/autokar m 78
look: to ~ for szukać 18, 133; **I'm looking for …** szukam … 143; **to ~ like** wyglądać jak 71; **I'm just looking** ja tylko patrzę
loose luźny 146
lorry *(U.K.)* ciężarówka f
lose: to ~ zgubić 28, 138, 160; **I've lost …** zgubiłem … 71, 100, 160; **I'm lost** zgubiłem się 106
lost-and-found [lost-property office] biuro rzeczy znalezionych 73
lots of fun świetna zabawa 101
louder gośniej 128
love: to ~ lubić 119
lovely pyszny 125
low niskie 122, 163; **~-fat** o niskiej zawartości tłuszczu
lower *(berth)* dolne 74
luck: good luck powodzenia npl 219
luggage bagaż m 32, 69, 71; **~ carts [trolleys]** wózki mpl 71
lump guz m 162
lunch obiad m/lunch m 98, 152
lung płuco n

M **machine washable** prać w pralce 145
madam pani f
magazine pismo n 150
magnificent wspaniały 101
maid pokojowa f/ sprzątaczka f 27, 28
mail *(noun)* listy mpl/poczta f 27, 152; **by ~** listownie 22; **~box** skrzynka pocztowa 152
mail: to ~ wysłać 27
main główny 130; **~ street** ulica główna 95
make: to ~ up *(prescription)* zrobić 140
male mężczyzna m 159
mallet młotek drewniany 31
man *(male)* mężczyzna m
manager kierownik m 25, 41, 137
manicure manicur m 147
manual *(car)* ręczny
many dużo 15
map mapa f 94, 106, 150
March marzec m 218
margarine margaryna f 158
market rynek m/targ m/bazar m 99
married: to be ~ być żonatym *(male)*/ być mężatką *(female)* 120
mascara tusz do rzęs
mask *(diving)* maska f
mass msza f 105
massage masaż m 147
mat finish *(photos)* matowy
match mecz m 114
matches zapałki fpl 31, 148, 150
matinée poranek m
matter: it doesn't ~ nieważne; **what's the ~?** o co chodzi?
mattress materac m
May maj m 218
may I czy mogę? 18
maybe (być) może
me: for me mnie 16

meal danie n 38; *(lunch)* objad m 42; *(dinner)* kolacja f 125

mean: what does this mean? co to znaczy? 11

measles odra f 165

measure: to ~ zmierzyć 146

measurement miara f

meat mięso n 41

mechanic mechanik m 88

medication leki mpl 164, 165

medicine lekarstwo n 141

medium średni 40, 122

meet: to ~ spotkać 125; **pleased to meet you** miło mi pana poznać 118

meeting place [point] miejsce zbiórki 12

member *(club)* członek m 88, 112, 115

memorial *(war)* pomnik m 99

men *(toilets)* męski

mention: don't mention it nie ma za co 10

menu karta f/menu n

message wiadomość f 27

metal metal m

metro station stacja metra 80, 96

microwave (oven) mikrofalówka f

midday południe

midnight północ 13, 220

migraine migrena f

milk mleko n 157; **with ~** z mlekiem 40

million milion 217

mind: do you mind ...? czy pozwoli pan ... 77

mine mój 16; **it's mine** to moje

mineral water woda mineralna

mini-bar mini-bar m 32

minimart minimarket m 156

minute *(time)* minuta f

mirror lustro n

missing: to be ~ *(lacking)* brakować 137; *(lost)* zgubić się 159

mistake pomyłka f 32, 41, 42

misunderstanding: there's been a misunderstanding to nieporozumienie

mobile home dom na kółkach

Modified American Plan [M.A.P.] pół-pensjonat m 24

moisturizer *(cream)* krem nawilżający

monastery klasztor m 99

Monday poniedziałek m 218

money pieniądze mpl 139, 160; **~ order** przekaz pieniężny

month miesiąc m 218

moped moped m 83

more więcej 15, 67; **I'd like some more ...** chciałbym więcej ... 39

morning: in the ~ rano n 221

mosque meczet m 105

mosquito bite ukąszenie przez komara

mother matka f 120

motion sickness choroba morska 141

motorbike motor m 83

motorboat motorówka f 116

motorway autostrada f 92, 94

mountain góra f 107; **~ bike** rower górski; **~ pass** przełęcz górska 107; **~ range** łańcuch górski 107

moustache wąsy mpl

mouth usta m 164, 166; **~ ulcer** wrzód w jamie ustnej

move, to ruszać 92; **don't move him!** nie ruszajcie go! 92; *(change of room)* przenieść się 25

movie film m 108; **~ theater** kino n 110

Mr. pan m

Mrs. pani f

much dużo 15

mugged: to be ~ być napadniętym 160

mugging napad m 159

mugs kubki mpl 148

mumps świnka f
muscle mięsień m 166
museum muzeum n 99
music muzyka f 112, 121
musician muzyk m
must: I must muszę
mustard musztarda f 38
my mój 16
myself: I'll do it myself zrobię to sam

N **name** *(first/family)* imię n/
nazwisko n 22, 36, 93, 118, 120;
my ~ is ... nazywam się ... 118;
what's your ~? jak się pan
nazywa? 118
napkin serwetka f 39
nappies pieluszki fpl 142
narrow wąski 14
national narodowy
nationality obywatelstwo n 23
native tutejszy 155
nature: ~ reserve rezerwat
przyrody 107; **~ trail** szlak
przyrodniczy 107
nausea mdłości fpl
near niedaleko 12, 35, 84; **~-sighted**
krótkowidz m 167
nearby niedaleko 21, 87, 115
nearest najbliższa 80, 88, 92,
127, 130, 140
necessary być potrzebnym 112
neck *(clothing/body)* szyja f 147, 166
necklace naszyjnik m 149
need: I need to ... muszę ... 18
nephew *(sister's son)* siostrzeniec m;
(brother's son) bratanek m
nerve nerw m
nervous system układ nerwowy
never nigdy 13
never mind nie szkodzi 10
new nowy 14
New Year Nowy Rok m 219
New Zealand Nowa Zelandia f 119

newspaper gazeta f 150
newsstand [newsagent] kiosk z
gazetami
131, 150
next: następny 14, 68,
75, 78, 80, 94, 100, 218;
~ stop! następny przystanek m 79;
~ to przy 12, 95
nice miły 14
niece *(sister's daughter)* siostrzenica f;
(brother's daughter) bratanica f
night nocą f 221; **at ~** w nocy f;
for two nights *(in hotel)* na dwie
noce fpl 22; **~club** klub nocny 112
no nie 10
no one nikt 92; **for no one** nikogo 16
no way! w żadnym przypadku! 19
noisy hałaśliwy 14, 24
non-alcoholic bezalkoholowy
non-smoking *(adj.)* dla nie
palących 36, 69
none żaden 15
nonsense! bzdura! 19
noon południe 220
normal dozwolony 67
north północ f 95
nose nos m 166
not bad nieźle 19
not yet jeszcze nie 13
nothing nic 16; **nothing else** nic
więcej 15
notify: to ~ zawiadomić 167
November listopad m 218
now teraz 13, 32
number numer 138; **~ plate** numer
rejestracyjny; **sorry, wrong number**
(telephone) przepraszam, pomyłka
nurse pielęgniarka f
nylon nylon m

O **o'clock: it's ... o'clock** jest ...
(godzina) 220
occasionally czasami

occupied zajęty 14
October październik m 218
odds (betting) szanse fpl 114
of course oczywiście 19
off-licence sklep monopolowy 131
off-peak poza godzinami szczytu
office (place) biuro n
often często 13
oil oliwa f 38
okay w porządku/okay 10, 19
old stary 14; **~ town** stare
  miasto n 99
olive oil oliwa z oliwek
omelet omlet m 40
on (day, date) w 13; **~ foot** na
  piechotę 17, 95; **~ the left** na
  lewo 12; **~ the right** na prawo 12
once raz 217; **~ a day** codziennie 76
one: ~ like that taki jak ten 16; **~-way**
  w jedną stronę; **~-way ticket** bilet w
  jedną stronę 68, 74, 79
open: to ~ otwierać 100, 132, 140/
  otworzyć 77, 164; (adj.) otwarty
  14, 152; **~-air pool** otwarty
  basen 116; **opening hours** godziny
  otwarcia 100
opera opera f 108, 111; **~ house** opera
  f 99
operation operacja f
opposite na przeciwko 12, 95
optician optyk m 131, 167
or albo 19
orange (color) pomarańczowy 143, 158
oranges pomarańcze fpl 158
order: to ~ zamówić 32, 37, 41, 135
organized hike/walk wycieczka
  piesza zorganizowana
our(s) nasz 16
outdoor activities na świeżym
  powietrzu
outrageous (price)
  horrendalna (cena) f 89
outside na zewnątrz 36
oval owalny 134

oven piekarnik m
over: ~ here
  tu/tutaj 157; **~ there**
  tam 36, 157
overcharge: I've been
  overcharged
  za dużo mi policzono
overdone (food) przesmarżone 41
overheat przegrzać się
overnight jedna noc f 23
owe, to być dłużnym 168; **how much**
  do I ~? ile jestem winny?
own: on my ~ sam 120; **I'm on my ~**
  jestem sam 66
owner właściciel m

P **p.m.** po południu
  pacifier (baby's) smoczek m
pack: to ~ pakować 69
package paczka f 153
packed lunch (school) drugie
  śniadanie n/(outing) suchy
  prowiant m
paddling pool brodzik m 113
padlock kłódka f
pail (toy) wiaderko n 155
pain: to be in ~ boleć 167
painkiller środek
  przeciwbólowy 141, 165
paint: to ~ malować
painter malarz m
painting obraz m 154
pair para 217
palace pałac m 99
palpitations palpitacje fpl
panorama panorama f 107
pants (U.S.) spodnie n 144
panty hose rajstopy npl 144
paper napkins serwetki
  papierowe 148
paracetamol paracetamol m
paraffin parafina f 31
paralysis paraliż m

parcel paczka f 153
parents rodzice mpl 120
park park m 96, 99, 107
parking: ~ lot parking m 26, 87, 96; **~ meter** parkometr m 87
parliament building budynek Sejmu 99
partner (boyfriend) partner m; (girlfriend) partnerka f
party (social) przyjęcie n 124
pass: to ~ (place) przejechać 77
passport paszport m 23, 66, 69, 160; **~ number** numer paszportu 23
pasta makaron m 38
pastry shop sklep cukierniczy 131
patch: to ~ załatać 137
patient (noun) pacjent m
pavement: on the ~ na chodniku
pay phone automat telefoniczny
pay: to ~ zapłacić/płacić 42, 136; **can I ~ in ...** (currency) czy mogę zapłacić w ... 67
payment zapłata f
peak szczyt m 107
pearl perła f 149
pebbly (beach) kamienista 116
pedestrian: ~ crossing przejście dla pieszych 96; **~ zone [precinct]** tylko dla pieszych 96
pen pióro n 150
people ludzie mpl 92, 119
pepper pieprz m 38
per za; **per day** za dzień 30, 83, 86, 87, 115; **~ hour** za godzinę f 87, 115, 153; **~ night** za noc 21, 24; **~ round** (golf) za turę f 115; **per week** za tydzień 24, 30, 83, 86
perhaps być może 19
period (menstrual) miesiączka f 167; **~ pains** bóle miesiączkowe 167
perm, to (hair) zrobić trwałą f 147
person osoba f 93

petrol benzyna f 88; **~ station** stacja benzynowa 87
pewter cyna f 149
pharmacy apteka f 131, 140, 156
phone: to ~ zatelefonować 159; **~ card** karta f telefoniczna 127, 153
photo: to take a ~ zrobić zdjęcie
photocopier fotokopiarka f 153
photograph zdjęcie n 98
photographer fotograf m
phrase zwrot m 11; **~ book** rozmówki fpl 11
pick: to ~ up odebrać 28
picnic piknik m; **~ area** miejsce piknikowe 107
piece (item) sztuka f 69; **a piece of ...** kawałek ... m 40
pill (contraceptive) pigułka antykoncepcyjna 167; (tablet) tabletka f 165
pillow poduszka f 27; **~ case** poszewka na poduszkę
pilot light płomyk zapalacza
pink różowy 143
pipe (smoking) fajka f
pitch (camping) pole namiotowe
pizza pizza f 40
pizzeria pizzeria f 35
place miejsce n 123
place: to ~ a bet postawić zakład 114
plane samolot m 68, 123
plans plany mpl 124
plant (greenery) roślina f
plaster (adhesive bandage) plaster m 141
plastic: ~ bags torby plastikowe; **~ wrap** folia do żywności przylegająca 148
plate talerz m 39, 148
platform peron m 73, 76, 77
platinum platyna f 149
play: to ~ (music) grać/zagrać 111, 112, 121

play *(theater)* sztuka f 108; **playwright** dramaturg m 110

play group przedszkole n 113

playground miejsce do zabaw 113

playing field boisko n 96

pleasant przyjemny 14

please proszę 10

plug zatyczka f 148

pneumonia zapalenie płuc 165

point: to ~ to wskazać 11

poison trucizna f

police policja f 92, 159; **~ report** raport z policji 160; **~ station** komisariat m 96, 131, 159

Polish *(adj.)* polski 11, 110, 126; **~ vodka** polska wódka 154

pollen count wskaźnik zapylenia 122

polyester poliester m

pond staw m 107

pop *(music)* (muzyka) pop 111

popcorn popkorn 110

popular popularny 111; *(well-known)* znany m 155

port *(harbor)* port m

porter bagażowy m 71

portion porcja f 40

possible: as soon as possible jak najszybciej

post *(mail)* poczta f; **to ~** wysłać; **~ office** poczta f 96, 131, 152

postage opłata f 152

postcard pocztówka f 152

poster plakat m 154

potato chips chrupki fpl 157

potatoes kartofle/ziemniaki mpl 38

pottery ceramika f 154

pound *(sterling)* funt (szterling) m 67, 138

powdery *(snow)* puszysty 117

power: ~ cut przerwa w dopływie prądu; **~ points** gniazdka elektryczne 30

pregnant: to be ~ być w ciąży 163, 167

premium *(gas)* czerwona 87

prescribe: to ~ zapisać 165

prescription recepta f 140, 141

present *(gift)* prezent m

press: to ~ wyprasować 137

pretty ładny

price cena f 24

priest *(Christian)* ksiądz m

print sztych m 154

prison więzienie n

produce store sklep spożywczy 131

profession zawód m 23

program program m 108, 109

pronounce: to ~ wymawiać

Protestant *(noun)* protestant m; *(adj.)* protestancki 105

pub pub m

public *(noun)* publiczność f 100

pump *(gas station)* pompa f 87

puncture przebicie 83, 88

puppet show przedstawienie kukiełkowe

pure czysty 145

purple fioletowy 143

purse portmonetka f 160

push-chair wózek spacerowy/ spacerówka f

put: to ~ *(place)* wstawić 22

Q **quality** gatunek 134
quarter ćwierć 217; **~ past** *(after)* kwadrans po 220; **~ to** *(before)* za kwadrans 220

queue: to ~ stać w kolejce f 112

quick szybki 14

quickest: what's the quickest way? którędy (jest) najszybciej?

quickly szybko 17

quiet cichy 14

quieter cichszy 24, 126

R **rabbi** rabin m
racetrack [race course] tor
wyścigowy 114

racket *(tennis, squash)* rakieta f 115

rain: to ~ padać 122

raincoat płaszcz od deszczu 144

rape gwałt m 159

rapids progi mpl 107

rare *(steak)* krwisty/nie dosmażony; *(unusual)* rzadki

rash wysypka f 162

razor *(safety)* maszynka do golenia;
~ blades żyletki fpl/nożyki do golenia 142

reading czytanie/czytać 121

ready: to be ~ być
gotowy 89, 126, 137, 151

real *(genuine)* prawdziwy 149

rear tylny 83

receipt pokwitowanie n/kwitek m 32, 42, 89, 136, 137, 151, 168

reception *(desk)* recepcja f

receptionist recepcjonistka f

reclaim tag dowód nadania 71

recommend: to ~ polecić 21, 37;
can you ~ ...? czy może pan
polecić ...? 35, 97, 108, 112

record *(L.P.)* płyta f 155; **~ store** sklep
muzyczny

red czerwony 143; **~ wine** czerwone
wino 40

reduction *(price)* zniżka
f 24, 68, 74, 100

refreshments bufet m 78

refrigerator lodówka f 29

refund zwrot pieniędzy 137

refuse bags worki na śmieci 148

region *(area)* region m 106; **in the ~ of
...** około ...

registered mail poczta polecona 153

registration form formularz m 23

regular *(gas)* żółta 87; *(medium,
normal)* średnia/normalny 40, 110

reliable odpowiedzialny 113

religion religia f

remember: I don't remember nie
pamiętam

rent: to ~ wynająć/
wypożyczyć 29, 83, 86, 115, 116, 117;
rental car wynajęty samochód
m 160; **to ~ out**
wypożyczać 29, 115, 117

repair: to ~ zreperować/naprawić
89, 137, 168

repairs *(car, etc.)* reperacje fpl 89

repeat: to ~ powtórzyć 94, 128;
please ~ that proszę powtórzyć 11

replacement *(noun)* zastępczy 167;
~ part część zamienna 137

report: to ~ *(crime)* zgłosić 159, 160

require: to ~ wymagać 83; **to be
required** być wymaganym 111, 112

reservation rezerwacja
f 22, 68, 36, 77, 112; **reservations
desk** okienko rezerwacji 109

reserve: to ~ zarezerwować 21,
74, 109; **I'd like to ~ ...** chciałbym
zarezerwować ... 36

rest: to ~ odpoczywać 106

restaurant restauracja f 35, 112

retired: to be ~ rencista m 121

return: to ~ *(come back)* wrócić 75, 106;
(surrender) zwrócić 86

return ticket powrotny 68, 74

reverse: to ~ the charges
zadzwonić 'direct' 127

revolting niesmaczny 14

rheumatism reumatyzm m

rib żebro n 166

rice ryż m 38

right *(opp. wrong)* poprawny 14;
(good/correct) dobry/właściwy
77, 79, 94; **on the ~** na prawo 76, 95;
that's ~ prawda

right of way pierwszeństwo przejazdu m 93

ring pierścionek m 149

rip-off *(noun)* zdzierstwo n 101

river rzeka f 107

road droga f 94, 95; **~ map** mapa drogowa 150

robbed: to be ~ być okradzionym 160

robbery rabunek m

rock *(music)* (muzyka) rock 111

rolls *(bread)* bułeczki fpl 158

romantic romantyczny 101

roof *(house, car)* dach m; **~-rack** bagażnik na dach

room *(hotel)* pokój m 21, 25

rope sznur m/lina f

round okrągły 134; **~ neck** pod szyję f 144

round-trip ticket powrotny 68, 74, 79

route szlak m 106

rubbish *(trash)* śmiecie mpl 28

rucksack plecak m

rude: to be ~ być niegrzecznym

ruins ruiny fpl 99

run out: to ~ out of *(fuel)* zabraknąć 88

rush hour godzina szczytu

S safe *(lock-up)* sejf m 27; *(not dangerous)* bezpieczny 116

safety bezpieczeństwo n; **~ pins** agrafki fpl

salad sałatka f 38

sales *(job)* być sprzedawcą m 121; **~ tax** podatek od sprzedaży 24

salt sól f 38, 39

salty słony

same: the ~ ten sam 75

sand piasek m

sandals sandały mpl 145

sandwich kanapka f 40

sandy *(beach)* piaszczysta 116

sanitary napkin [towel] podpaska f 142

satellite TV telewizja satelitarna 22

satin satyna f

satisfied: I'm not satisfied with this nie jestem z tego zadowolony

Saturday sobota f 218

sauce sos m 38

sauna sauna f 22

sausage kiełbasa f 158

say: how do you say ...? jak się mówi ...?

scarf szalik m 144

scheduled flight lot rejsowy

sciatica zapalenie nerwu kulszowego 165

scissors nożyczki npl 148

scooter *(toy)* hulajnoga f /(motor) skuter m .

Scotland Szkocja f 119

screwdriver śrubokręt 148

sea morze n 107; **~front** ulica nadbrzeżna

seasick: I feel seasick jest mi niedobrze

season ticket bilet okresowy

seat *(train, etc.)* miejsce n 74, 77, 108, 109

second drugi 132, 217; **~ class** druga klasa f 74; **second floor** *(U.S.)* pierwsze piętro; **~-hand** używany

secretary *(masc./fem.)* sekretarz m/ sekretarka f

sedative środek uspokajający

see: to ~ zobaczyć 18, 37, 124; *(inspect)* sprawdzić 24; *(observe, witness)* widzieć 93; **see you soon!** do zobaczenia! 126

self-employed: to be ~ pracować dla siebie 121

self-service *(gas station, etc.)* samoobsługa f 87

sell: to ~
sprzedawać 133
send: to ~ wysłać 153
senior citizen rencista
m 74, 100
separated: to be ~ w
separacji f 120
separately osobno 42
September wrzesień m 218
serious poważny
service *(in restaurant)* obsługa f 42;
(religious) nabożeństwo n 105
serviette serwetka f 39
set menu danie dnia 37
sex płciowy
shade odcień 143
shady cienisty 31
shallow płytki
shampoo szampon m 142; **~ and set**
mycie z ułożeniem 147
share, to *(room)* dzielić
sharp ostry 69
shaver *(safety)* maszynka do golenia
shaving brush pędzel do golenia
shaving cream krem do golenia
she ona
sheath *(contraceptive)* prezerwatywa f
sheet *(bed)* prześcieradło n 28
shirt *(men's)* koszula f 144
shock *(electric)* porażenie n
shoe: ~ repair reperacja obuwia; **~
store** sklep z obuwiem 131; **shoes**
buty mpl 145
shop assistant *(masc./fem.)*
sprzedawca m/sprzedawczyni f
shopping: ~ area centrum
handlowe 99; **~ basket** kosz na
zakupy; **~ mall [centre]** centrum
handlowe 130; **~ trolley** wózek na
zakupy; **to go** ~ iść na zakupy
short *(opp. long)* krótki 144, 146, 147;
~-sighted krótkowidz m 167
shorts *(clothing)* szorty npl 144

shoulder bark m 166
shovel *(toy)* łopatka f 155
show: to ~ pokazać 18, 94, 134; **can
you show me?** czy może mi pan
pokazać? 106
shower prysznic m 21, 26, 30
shut: to ~ zamykać 132; **when do
you shut?** kiedy zamykacie?;
(adj.) zamknięty 14
shutter okiennica f 25
sick: I'm going to be sick będę
wymiotować
side: ~ order dodatek m 38; **~ street**
ulica boczna 95
sides *(head)* boki mpl 147
sights widoki mpl
sightseeing tour wycieczka po
mieście 97
sign znak 95; **road ~** znak
drogowy 93; **~ post** drogowskaz m
silk jedwab m
silver srebro n 149; **~ jewelry**
biżuteria ze srebra 154; **~ plate**
posrebrzany 149
singer pieśniarz m 155
single: ~ room pojedynczy 21; **~ ticket**
bilet w jedną stronę 68, 74; **to be ~**
samotny 120
sink zlew m 25
sister siostra f 120
sit: to ~ usiąść 36, 77, 126; **sit down,
please** proszę usiąść
size rozmiar 146
skates łyżwy fpl 117
ski: ~ boots buty narciarskie 117;
~ poles kijki mpl 117; **skis** narty
fpl 117
skin skóra f 166
skirt spódnica f 144
sleep: to ~ spać 167
sleeping: ~ bag śpiwór m 31, **~ car
[sleeper]** wagon sypialny 74, 77;
~ pill pigułka nasenna
sleeve rękaw m 144

slice: a slice of ... plasterek m ... 40

slippers pantofle mpl 145

Slovakia Słowacja f 119

slow wolny 14; **slowly** powoli/wolno 17, 94, 128; **slowly (speak)** wolniej 11; **slow down!** zwolnij!

slow, to be (person) być powolnym; (clock, watch) spóźniać się 221

SLR camera lustrzanka jednoobiektywowa 151

small mały 14, 24, 40, 110, 117, 134; **~ change** drobne mpl 138

smaller mniejszy 134

smell: there's a bad smell coś cuchnie

smoke: to ~ zapalić 126

smoking (adj.) dla palących 36, 69

snack bar bar m 73

snacks przekąski fpl

sneakers tenisówki fpl

snorkel fajka do nurkowania

snow śnieg m 117; **to ~** pada śnieg m 122

soap mydło n 27, 142; **~ powder** proszek do prania

soccer piłka nożna 114

socket gniazdko n

socks skarpetki fpl 144

soft drink napój m 110, 157

sole (shoes) podeszwa f

soloist solista m 111

soluble aspirin aspiryna rozpuszczalna

some jakiś

something coś 16; **~ to eat** coś do jedzenia 70

sometimes czasami 13

son syn m 120, 162

soon niedługo 13

sore: it's sore to boli; **~ throat** ból gardła 141, 163

sorry! przepraszam! 10

soul (music) (muzyka) soul 111

sour kwaśne 41

South Africa Afryka Południowa

South African (masc./fem.) Południowoafrykańczyk m/Południowoafrykanka f

south południe n 95

souvenir pamiątka f 98, 154; **~ store** sklep z pamiątkami 131

space miejsce n 30

spade (toy) łopatka f 155

spare zapasowy 28

speak: to ~ mówić 11, 18, 41, 67, 128; **do you ~ English?** (masc./fem.) czy mówi pan/pani po angielsku? 11; **to ~ to someone** mówić z 128

special specjalny 86; **~ delivery** ekspres m 153

specialist specjalista m 164

specimen próbka f 164

spectacles okulary npl

spell: to ~ przeliterować 11

spend: to ~ (time) spędzać; (money) wydawać

spicy ostry/pikantny

sponge gąbka f 148

spoon łyżka f 39, 41, 148

sport sport m 121

sporting goods store sklep sportowy 131

spot (place, site) miejsce n 31

sprained: to be ~ być skręconym 164

spring wiosna f 219

square kwadratowy 134

stadium stadion m 96

staff obsługa f 113

stain plama f

stainless steel stall nierdzewna 149

stairs schody mpl 132

stamp (postal) znaczek m 150, 152

stand: to ~ in line stać w kolejce f 112

A-Z

standby ticket tani bilet okazyjny

start: to ~ *(begin)* zaczynać się 108, 112; *(car, etc.)* zapalić 88

statement *(police)* zeznanie n 93

stationer sklep papierniczy

statue pomnik m 99

stay *(noun)* pobyt m 32

stay: to ~ zostać 23

sterilizing solution płyn do sterylizowania 142

stiff neck sztywny kark m

still: I'm still waiting wciąż jeszcze czekam

stockings pończochy fpl 144

stolen: to be ~ być ukradzionym 71, 160

stomach żołądek m 166; **~ache** ból brzucha 163

stool *(faeces)* stolec 164

stop *(bus, tram)* przystanek m 79, 80

stop: to zatrzymywać się 76, 77, 98

stopcock kurek zamykający 28

store sklep m 130, 131; **~ guide** tablica informacyjna 132

stormy: to be ~ burzowo 122

stove kuchenka f 28, 29

straight ahead na wprost 95

strained muscle naciągnięty mięsień m 162

strange dziwny 101

straw *(drinking)* słomka f

strawberry *(flavor)* truskawkowe 40

stream strumień m 107

streetcar tramwaj m 79

strong *(potent)* silny

student student m 74, 100, 121

study: to ~ studiować 121

style styl m 104

subtitled: to be ~ z napisami mpl 110

subway: ~ map mapa metra 80; **~ station** stacja metra 80, 96

sugar cukier m 38, 39

suggest: to ~ zasugerować 123

suit *(man's)* garnitur m 144

suitable stosowny 140; **~ for** stosowny do …

summer lato n 219

sun block krem z filtrem UV 142

sunbathe: to ~ opalać się

sunburn oparzenie słoneczne 141

Sunday niedziela f 218

sunglasses okulary słoneczne

sunny słoneczny 31

sunshade parasol m 116

sunstroke udar słoneczny 163

suntan lotion krem do opalania 142

superb znakomity 101

supermarket supermarket m 156

supervision opieka f 113

supplement opłata dodatkowa 68, 69

suppositories czopki mpl 165

sure: are you sure? czy jesteś pewien?

surfboard deska do serfowania 116

surname nazwisko n

sweater sweter m 144

sweatshirt bluza f 144

sweet *(taste)* słodki

sweets *(candy)* cukierki mpl 150

swelling opuchnięcie n/ obrzęk m 162

swim: to ~ pływać 116

swimming pływanie n 114; **~ pool** basen 22, 26, 116; **~ trunks** kąpielówki fpl 144

swimsuit kostium kąpielowy 144

swollen: to be ~ być spuchniętym

symptom *(illness)* objawy mpl 163

synagogue synagoga f 105

synthetic włókno syntetyczne 145

T-shirt Tshirt f 144
table stolik m 36, 112
take: to ~ brać 140; *(carry)* zanieść 71; *(medicine)* brać 140, 165; *(time)* trwać 78; **~ away** na wynos 40; **~ out** *(extract tooth)* wyrwać ząb m 168; **~ photographs** fotografować 100; **I'll take it** wezmę to 24, 135; **is this seat taken?** czy to miejsce jest zajęte? 77; **take me to …** zawieźć mnie na/pod … 84
talk: to ~ mówić /rozmawiać
tall wysoki 14
tampons tampony mpl 142
tan opalenizna f
tap kran m 25
tapestry kilim m 154
taxi taksówka f 32, 70, 71, 84; **~ stand [rank]** postój taksówek 96
tea herbata f 40; **~ bags** herbata w torebkach 158
teacher nauczyciel m
team drużyna f 114
teaspoons łyżeczki do herbaty 148
teddy bear miś m 155
telephone telefon m 22, 92; **~ bill** rachunek telefoniczny 32; **~ booth** budka telefoniczna 127; **~ call** rozmowa telefoniczna 32; **~ number** numer telefonu 127; **to ~** zadzwonić 127
tell: to ~ powiedzieć 18; **can you ~ me …?** czy może mi pan powiedzieć …? 79
temperature *(body)* temperattura f 164
temple świątynia f 105
temporarily tymczasowo 168
tennis tenis m 114; **~ court** kort tenisowy 115
tent namiot m 30, 31; **~ pegs** kołki mpl 31; **~ pole** maszt namiotowy 31
terminus *(bus, etc.)* pętla f 78
terrace taras m 35

terrible
   okropnie 19, 101, 122
terrific wspaniale 19
tetanus tężec m 164
thank you dziękuję 10, 118
that to 94; **~ one** tamten 16, 134, 157; **that's true!** to prawda! 19; **that's all** to wszystko 133
theater teatr m 96, 99, 110, 111
theft kradzież f 160
their(s) ich 16
them: for them nich 16
theme park park rozrywkowy
then *(time)* wtedy 13
there: tam 12, 17; **over ~** tam 76
there are … są … 17
there is … jest … 17
thermometer termometr m
thermos flask termos m
these te 134, 157
they oni
thick gruby 14
thief złodziej m
thigh udo n 166
thin chudy 14
think: I ~ … myślę … 42; **to ~ about something** zastanowić się 135
third trzeci 217; **a ~** jedna trzecia 217; **~ party insurance** ubezpieczenie od odpowiedzialności cywilnej
thirsty: I'm thirsty chce mi się pić
this *(one)* ten 16, 84, 134, 157; *(current)* w tym 218; **~ evening** na wieczór m 36
those tamte 134, 157
thousand tysiąc 217
throat gardło n 166
thrombosis zakrzepica f
through przez
thumb kciuk m 166
Thursday czwartek m 218

ticket bilet m 68, 69, 74, 75, 79, 80, 100, 108, 109, 114, 160; **~ office** kasa biletowa 73

tie krawat m 144

tight (*adv.*) ciasny 146

tights (*clothing*) rajstopy npl 144

till receipt kwit z kasy

time godzina f 32; **is it on ~?** o czasie m 76; **free ~** czas wolny 98; **what's the ~?** która godzina? 220; **~table** rozkład jazdy 75

tin opener otwieracz do puszek 148

tire (*car, etc.*) opona f 83

tired: I'm tired jestem zmęczony

tissue chusteczka papierowa 142

to (*place*) na (miejsce) 12

tobacco tytoń m 150

tobacconist kiosk m 130

today dzisiaj 89, 124, 218

toe palec u nogi 166

toilet toaleta f 25, 26, 29, 78, 98, 113; **~ paper** papier toaletowy 25, 142

tomatoes pomidory mpl 157

tomorrow jutro m 36, 84, 122, 124, 218,

tongue język m 166

tonight dziś wieczorem 108, 110, 124

tonsilitis angina f 165

tonsils migdały mpl 166

too (*extreme*) za 17, 41, 93, 117, 135, 146; **~ much** za dużo 15

tooth ząb m 168; **~ache** ból zęba; **~brush** szczoteczka do zębów; **~paste** pasta do zębów 142

top (*head*) góra f 147

torn: to be ~ (*muscle*) być naderwanym 164

torch latarka f 31

tough (*food*) twarde 41

tour wycieczka f 98; **~ guide** przewodnik wycieczki 27; **~ operator** organizator wycieczki 26

tourist turysta m; **~ office** biuro informacji turystycznej 97

tow truck pomoc drogowa 88

towel ręcznik m

tower wieża f 99

town miasto n 94; **~ center** centrum n 70; **~ hall** ratusz m 99

toy zabawka f 155

traditional tradycyjny 35

traffic ruch m; **~ jam** korek m; **~ light** światła npl 95; **~ violation [offence]** wykroczenie drogowe

trailer karawan m 30

train pociąg m 13, 73, 75, 77, 123; **~ station** dworzec kolejowy 73, 84, 96

trained wykwalifikowany 113

tram tramwaj m 79

transit: in ~ (*travel*) przejazdem/w podróży

translate: to ~ przetłumaczyć 11

translation tłumaczenie n

translator tłumacz m

trash (*rubbish*) śmiecie mpl 28; **~cans** śmietniki mpl 30

travel: ~ agency biuro podróży 131; **~ sickness** choroba morska 141

traveler's check [cheque] travelers czek/czek podróżny 136, 138

tray taca f

tree drzewo n 106

trim podstrzyżenie n 147

trip podróż f 76, 78

trolley wózek m 156

trousers spodnie npl 144; **~ press** prasownica do spodni

truck ciężarówka f

true: that's not ~ to nieprawda

try: to ~ on (*clothes*) przymierzyć 146

Tuesday wtorek m 218
tumor nowotwór m 165
tunnel tunel m
turn: ~ **down** (volume/heat) przyciszyć/przykręcić; ~ **off** wyłączyć 25; ~ **on** włączyć 25; ~ **up** (volume/heat) podgłośnić/podkręcić
TV telewizor m 22
tweezers pinceta f
twice dwa razy 217; ~ **a day** dwa razy dziennie 76
twin beds dwa łóżka npl 21
twist: I've twisted my ankle skręciłem kostkę
two-door car dwudrzwiowy 86
type (sort) rodzaj m 109; **what ~ of ...?** jakiego rodzaju ...? 112
typical typowy 37
tyre opona f 83

U.K. Anglia f 119
U.S. Stany Zjednoczone Ameryka f 119
ugly brzydki 14, 101
ulcer wrzód m
umbrella parasol m 116
uncle wuj m 120
uncomfortable niewygodny 117
unconscious: to be ~ być nieprzytomnym 92; **he's ~** on jest nieprzytomny 162
under pod
underdone nie dosmażone 41
underpants kalesony mpl 144
understand: to ~ rozumieć 11; **do you ~?** czy pan rozumie? 11; **I don't ~** nie rozumiem 11, 67
undress: to ~ rozebrać się 164
uneven (ground) nierówna 31
unfortunately niestety 19
uniform mundur m
unit (phone card) impuls m 153
United States Stany Zjednoczone

unleaded petrol benzyna bezołowiowa
unlimited mileage odległość bez ograniczeń
unlock: to ~ otworzyć
unpleasant niemiły 14
unscrew: to ~ odkręcić
until do 221
up to do 12
upper (berth) górne 74
upset stomach rozstrój żołądka 141
urine mocz m 164
use: for my personal ~ do użytku osobistego 67
use: to ~ użyć 139

V-neck w serek m 144
vacant wolny 14
vacation wakacje mpl 123; **on ~** na wakacje 66
vaccinated: to be ~ against być szczepionym 164
vaginal infection infekcja pochwy 167
valet service usługi fpl
valid ważny 15
validate: to ~ zatwierdzić
valley dolina f 107
valuable wartościowy
valve kurek m 28
vanilla (flavor) waniliowe 40
VAT (sales tax) vat m 24
vegetables jarzyny fpl 38
vegetarian wegetariańskie 35, 39
vein żyła 166
venereal disease choroba weneryczna 165
ventilator wentylator m
very bardzo 17; ~ **good** bardzo dobrze 19
video: ~ **game** gra wideo; ~ **recorder** magnetowid m; **~cassette** kaseta video 155

Vietnamese wietnamska 35

view: with a view of the sea z widokiem na morze; **~point** punkt obserwacyjny 99, 107

village wieś f 107

vinaigrette winegret m 38

vinegar ocet m 38

visa wiza f

visit *(noun)* wizyta f 66, 119

visit: to ~ zwiedzać 123

visiting hours godziny odwiedzin

vitamin tablet witamina f 141

volleyball siatkówka f 114

voltage napięcie n

vomit, to wymiotować 163

X Y Z

wait: to ~ czekać/ poczekać 36, 41, 76, 89, 140; **wait!** proszę poczekać 98; **to ~ for** czekać na 76; **waiting room** poczekalnia f 73

waiter kelner m 37

waitress kelnerka f 37

wake: to ~ someone obudzić 27, 70; **~-up call** budzenie n

Wales Walia f 119

walking: ~ boots buty turystyczne 145; **~ gear** sprzęt do turystyki pieszej; **~ route** szlak m pieszy 106

wallet portfel m 42, 160

ward *(hospital)* oddział m 167

warm ciepły 14, 122

warmer cieplejszy 24

washbasin umywalka f

washing: ~ machine pralka f 29; **~ powder** proszek do prania 148; **~-up liquid** płyn do zmywania 148

wasp osa f

watch zegarek m 149, 160

water woda f 87; **~ bottle** butelka na wodę; **~ heater** boiler m 28; **~ skis** narty wodne 116; **~fall** wodospad m 107; **~proof jacket** kurtka wodoodporna 145

wave fala f

waxing depilacja f 147

way: I've lost my way zgubiłem się 94; **it's on the way to ...** to po drodze do... 83

we my; **we'd like ...** chcielibyśmy ... 18

wear: to ~ być ubranym 159

weather pogoda f 122; **~ forecast** prognoza pogody 122

wedding *(ceremony)* ślub m; *(party)* wesele n; **~ ring** obrączka f

Wednesday środa f 218

week tydzień 23, 97, 218

weekend weekend m 24, 218; **~ rate** stawka weekendowa 86

weight: my weight is ... ważę...

welcome to ... witamy w ...

well-done *(food)* dobrze wysmażony

west zachód m 95

wet mokry 117

wetsuit strój piankowy

what? co?/jaki? 94, 104; **~ kind of ...?** jakie to ...? 106; **~ time ...?** o której ...? 68, 76, 78

wheelchair wózek inwalidzki

when? kiedy 13, 68, 78, 104

where? gdzie 12, 73, 76, 78, 84, 88, 98; **~ is ...?** gdzie jest ...? 80, 94, 99; **~ were you born?** gdzie się pan urodził? 119

which? który? 16

white biały 143; **~ wine** białe wino 40

who? kto? 16

whose? czyj? 16

why? dlaczego 15; **~ not?** czemu nie 15

wide szeroki 14

A-Z

Dictionary
Polish – English

This Polish-English dictionary covers all the areas where you may need to decode written Polish: hotels, public buildings, restaurants, stores, ticket offices, and on transportation. It will also help with understanding forms, maps, product labels, road signs, and operating instructions (for telephones, parking meters, etc.). If you can't locate the exact sign, you may find key words or terms listed separately.

A abonament season ticket
adres domowy home address
adwokat lawyer
agencja biletowa ticket agency
akceptujemy karty kredytowe we accept credit cards
aktualne updated
alarm przeciwburzowy gale warning
alarm przeciwpowodziowy flood warning
alarm sztormowy storm warning
aleja boulevard
ambasada embassy
ambulatorium outpatients (*hospital department*)
angielski English
Anglia England
antyki antique store
apteka pharmacy
apteka z nocnym dyżurem duty pharmacy
arkada rozrywkowa amusement arcade
artykuły bezcłowe duty-free goods
artykuły elektryczne electrical goods
artykuły używane secondhand store
artykuły z przeceny nie podlegają wymianie sale goods cannot be exchanged
atrakcja turystyczna tourist feature

autobus dalekobieżny long-distance bus [coach]
automatyczna toaleta publiczna automated public toilet
autostrada highway [motorway]
autostrada krajowa national highway [motorway]

 B bagno marsh
balkon dress circle (*theater*)
bank oszczędnościowy savings bank
bankomat ATM (*automated teller*) [cash machine]
bardzo wolno slow/drive slowly
basen dla dzieci children's pool
basen kryty indoor swimming pool
basen otwarty open-air swimming pool
basen portowy docks
beletrystyka fiction (*section in bookstore*)
benzyna czerwona premium [super] (*gasoline*)
benzyna żółta regular (*gasoline*)
bez cukru sugar-free
bez jedzenia no meals (*hotel*)
bez tłuszczu fat-free
bez zatrzymywania się do ... non-stop to ...
bezglutenowe gluten-free
bezołowiowa unleaded (*gasoline*)
bezpośrednia usługa direct service
bezzwrotne non-returnable

biblioteka library
bielizna lingerie/underwear
bilet ticket/pass
bilet przykleić na szybie przedniej
display ticket on windshield
[windscreen]
bilet ważny na metro ticket valid for
subway [metro]
bilety na dzisiejszy wieczór tickets
for tonight
biskup bishop
biuro podróży travel agent
biuro rzeczy znalezionych lost and
found [lost property]
biuro turystyczne tourist office
biuro śledcze criminal investigation
deptartment (CID)
blok mieszkaniowy apartment
building [block of flats]
Boże Narodzenie Christmas
brać po jedzeniu take after meals
(*medication*)
brak przejazdu no outlet [no through
road]
brzeg rzeki river bank
budka autobusowa bus shelter
budynek publiczny public building
bufet refreshments available
butelka zwrotna returnable bottle
buty shoes

C **cena za litr** price per liter
centrala rybna fish stall
centrum business district
centrum handlowe shopping mall
[centre]
centrum miasta downtown area
[town centre]
centrum ogrodnicze garden center
chleb bread
chodnik sidewalk [pavement]
chodzenie po górach mountaineering
ciężarówka truck
ciężki heavy (*snow*)
ciepła hot (*water/faucet*)
cło customs
cmentarz cemetery

co miesiąc monthly
co tydzień weekly
cukier sugar
cukiernia pastry shop
czasopisma
magazines/periodicals
czek na ... payable to ...
czekać na sygnał wait for the tone
czerwiec June
czerwona premium [super] (*gasoline*)
czekać na bilet wait for your ticket
czwartek Thursday

D **długi pojazd**
long vehicle
dabingowany dubbed
dania dnia menu of the day
danie dnia dish of the day
darowizna donation
data urodzenia date of birth
data ważności expiration [expiry]
date
data zużycia use-by date
dawkowanie dosage
**dać torby do sprawdzenia przed
wyjściem** show your bags
before leaving
delikatesy delicatessen
deska serfowa surfboard
deska z żaglem windsurfing
dieta diet
dla kobiet/dla pań ladies (*toilets*)
dla mężczyzn/dla panów
gentlemen (*toilets*)
**dla obywateli z krajów nie
należących do unii europejskiej**
non-EU citizens
dla palących smoking
dla początkujących for beginners
(*skiers*)
dla zaawansowanych narciarzy for
advanced skiers
dni powszednie weekdays
do until
do przyrządzania w mikrofalówce
microwaveable
do samolotu boarding now (*airport*)

A-Z

do włosów tłustych/ normalnych/suchych for greasy/normal/dry hair
do wynajęcia for rent [hire]
do zmywania w zmywarce dishwasher-proof
do żucia chewable (*tablets, etc.*)
dojazd wyłącznie dla mieszkańców access to residents only
dokładna opłata, nie wydaje się reszty exact fare, no change given
dokładna reszta exact change
dom do wynajęcia house to rent
dom mieszkalny apartment building
dom towarowy department store
domek parterowy bungalow
domek z własnym utrzymaniem self-catering cottage
domowej roboty homemade
dopuszczalna wysokość ... headroom ... (*height restriction*)
dorabianie kluczy na poczekaniu keys cut while you wait
dowód tożsamości ID card
dozorca caretaker
dozwolony ładunek load limit
dozwolony bagaż luggage allowance
drewno wood
droga road/path
droga dla ciężarówek truck route
droga dla rowerzystów cycle lane/path
droga drugiej kategorii secondary road
droga główna main road
droga kategorii A A-road
droga kategorii B B-road
droga płatna toll road
droga pomocnicza service road
droga w budowie road under construction
droga z pasmem rozdzielającym two-lane highway [dual carriageway]
droga zamknięta road closed

druga runda second leg/round two
drzwi automatyczne automatic doors
drzwi przeciwpożarowe fire door
drzwi zamykane są ... minut po rozpoczęciu przedstawienia doors close ... minutes after performance begins
dziękuję za datek thank you for your contribution
działanie uboczne side effects
dzieci children
dzielnice podmiejskie suburbs
Dzień Noworoczny New Year's Day
dziś/dzisiaj today
dziś po południu this afternoon
dziś rano this morning
dziś wieczorem this evening
dzwonek nocny night bell

F fabryka factory outlet
fajerwerki fireworks
festyn fair/gala
film w wersji oryginalnej film in original version
fryzjer hairdresser
fryzjer damski stylist
fryzjer męski barber
funt szterling pound sterling
furmanki horse-drawn carts

G gabinet dentystyczny dental office [surgery]
gabinet lekarski doctor's office [surgery]
galeria gallery
gaśnica fire extinguisher
giełda stock exchange
głęboko deep end (*swimming pool*)
godzina hour
godziny urzędowania business hours [opening hours]
godziny wizyt visiting hours
godziny wybierania (poczty) collection times (*mail*)
góra mountain
gospodarstwo farm

granie w piłkę wzbronione no ball games
grozi śmiercią danger of death
grupa krwi blood group

H **hala targowa** covered market
hamulec bezpieczeństwa emergency brake
handel nieruchomościami real estate agent [estate agent]

I **imię małżonki** name of spouse (*wife*)
imię męża name of spouse (*husband*)
informacja information desk
informacja dla klientów customer information
informacja o lotach flight information
informacja o sklepie store directory [guide]
instruktor żeglarski sailing instructor
instrukcja obsługi instructions for use
instruktor instructor

J **języki obce** foreign languages
jadalnia dining room
jakość quality
jarzyny vegetables
jaskinia cave
jechać ostrożnie drive carefully
jechać po prawej stronie drive on the right
jedwab silk
jedzenie na wynos take-away food
jesień fall [autumn]
jezioro lake
jeździectwo konne horseback riding
jubiler jeweler
jutro tomorrow

K **kąpiele** baths
kamienie na drodze loose chippings (*road*)
kamień stone (*type of camping site*)

kamizelki ratunkowe life vests [jackets]
kantor currency exchange office
kapsułki capsules (*medication*)
karta pokładowa boarding card / pass (*airport*)
karta telefoniczna phone card
karta ubezpieczenia międzynarodowego green card (*car insurance*)
kasa biletowa box / ticket office
kasa ekspresowa express checkout
kasjer cashier
kask crash helmet
kaski obowiązkowe crash helmets required
kasy checkout / please pay here
kierownik manager
kierunki directions (*map*)
kiosk z gazetami newsstand
klinika clinic
klub żeglarski sailing club
klucze zostawić w recepcji leave keys at reception
koło ratunkowe life preserver [belt]
kolejka linowa cable car
kolor trwały colorfast
komiksy comics (*magazines*)
komisariat police station
kompresor air pump (*gas station*)
komputery computers
konie mechaniczne brake horsepower (*vehicle engine power*)
koniec robót drogowych end of roadworks
koniec twardego pobocza end of hard shoulder
koniec zakazu parkowania end of no parking zone
konkurs contest
kontrola celna customs control
kontroler biletów ticket inspector
korki: opóźnienia możliwe traffic jams: delays likely

A-Z

kosmetyki beauty care
koszyk na zakupy shopping basket
kościół church
kran faucet [tap]
krem nawilżający moisturizer
krem z blokadą UV sunscreen
krople drops (*medication*)
książka numerów directory
księgarnia bookstore
kuchnia kitchen
kup 2 dostaniesz 1 gratis buy 2, get 1 free
kupno-sprzedaż we buy and sell …
kurs wymiany exchange rate
kurtyna idzie w górę curtain up (*theater*)
kwiaciarnia florist
kwiecień April
kwit parkingowy parking ticket

L las forest
latarnia morska lighthouse
lato summer
lekarz doctor/general practitioner
leżak deck chair
licznik elektryczny electric meter
lipiec July
list ekspresowy express mail
list polecony registered letter
loteria lottery
lotnie hang gliding
lotnisko airport
luty February

Ł łatwo gotujący się easy to prepare/cook
łatwo otwierające się ampułki easy-to-open ampules
łazienka bathroom
łaźnia Turkish bath
łodzie ratunkowe life boats
łowienie ryb fishing/angling
łowienie ryb dozwolone fishing permitted

łowienie ryb wzbronione no fishing
łyżwiarstwo ice-skating
łyżwy skates

M maj May
makaron pasta
mały small
mapa drogowa road map
marzec March
matka mother
meble furniture
menu dla odchudzających się diet menu
mgła fog
miękkie pobocza soft shoulder [verge]
miejsc brak full up
miejsce odpoczynku rest area
miejsce pamięci ofiar wojny/zamordowanych war memorial
miejsca na górze seats upstairs
miejsce dla osób starych lub ułomnych please give up this seat to the elderly or infirm
miejsce do oglądania (widoku) viewing gallery
miejsce na piknik picnic area
miejsce na śmieci garbage disposal [waste point]
miejsce przy oknie window seat
miejsce przy przejściu aisle seat
miejsce urodzenia place of birth
miejsce zbiórki meeting place [point]
miesięczniki magazines/periodicals
mieszkanie z ogródkiem garden apartment [flat]
miska do mycia wash bowl
mleczarnia dairy
młodzież young adult/youth
młyn windmill
moczary swamp
modlitwy prayers
mokry wet (*snow*)
morze sea
most zwodzony drawbridge
możliwe opóźnienia delays likely

możliwość mgły risk of fog
mrożonki frozen foods
msza wieczorna evening service (*religious*)
mury miasta city wall
muzeum museum

N **na dole (budynku)** downstairs
na dwie osoby/noce for two persons/nights
na górze (domu) upstairs
na pierwszym piętrze second floor [first floor (*U.K.*)]
na świeżym powietrzu open air
na ... dni for ... days
nabożeństwo ranne morning mass
nacisnąć guzik press to open
nadawca sender
nadbagaż excess baggage
nakrętka bezpieczna dla dzieci childproof cap (*bottle, etc.*)
należy płacić gotówką pay cash
należy poprosić o pomoc please ask for assistance
należy zapłacić za benzynę przed napełnieniem baku pay for gas before filling car
napiwek tip
napoje drinks
napoje owocowe/soki fruit juices
narciarstwo biegówkowe cross-country skiing
narciarstwo zjazdowe downhill skiing
narty motorowe jet-ski
narty wodne waterskiing
następne wybieranie poczty o ... next collection at ...
nawilżacz moisturizer
nazwisko last name
nazwisko panieńskie maiden name
nic do oclenia nothing to declare
nie biegać no running
nie blokować wyjścia do not block entrance

nie brać doustnie not to be taken orally
nie cumować no anchorage
nie dajemy rabatu no discounts
nie deptać trawników keep off the grass
nie do użytku wewnętrznego not to be taken internally
nie fotografować no photography
nie opuszczać szlaku/nartostrady no off-trail [off-piste] skiing
nie parkować no parking/keep clear
nie prasować do not iron
nie przeszkadzać do not disturb
nie przyjmujemy kart kredytowych no credit cards
nie rozmrażać przed gotowaniem cook from frozen
nie straci fasonu/kształtu will not lose its shape
nie trąbić use of horn prohibited
nie wliczone not included (*in price*)
nie wychylać się do not lean out of windows
nie wyprzedzać no passing
nie wyrzucać śmieci don't dump trash [rubbish]
nie wystawiać na słońce do not expose to sunlight
nie zapominać o ... don't forget to ...
nie zapominać o skasowaniu biletu don't forget to validate your ticket
nie zawiera ... contains no ...
nie zostawiać bagażu bez opieki do not leave baggage unattended
nie zostawiać przedmiotów wartościowych w samochodzie do not leave valuables in your car
nie śmiecić no littering
niedaleko od sklepów/morza within easy reach of stores/ocean [sea]
niedziela Sunday

A-Z

Niedziela Palmowa Palm Sunday
Niedziela Wielkanocna Easter Sunday
nieupoważnione pojazdy będą odholowane unauthorized vehicles will be towed away
niezgodność z innymi lekarstwami interference with other drugs
noc night
noclegi accommodation
nocny dyżur apteka all-night pharmacy
nocny portier night porter
normalna cera normal skin
nowe tytuły new titles
nowo wypuszczone płyty new releases (*music*)
nowy new
Nowy Rok New Year
nowy układ drogowy new traffic system in operation
np. e.g.
numer lotu flight number
numer miejsca seat number
numer pierwszej pomocy emergency number
numer rejestracyjny samochodu car registration number
numer rejestracyjny wozu license [number] plate
nurkowanie wzbronione no diving

O **ołowiowa** leaded (*fuel*)
obcokrajowy foreign
objazd detour [diversion]
oblodzona nawierzchnia icy road
obniżka cen reduced prices
obowiązują czepki kąpielowe bathing caps must be worn
obsługa do pokoju room service
obsługa nie wliczona no service charge included
obywatel wspólnoty europejskiej EU citizens

odbiór bagażu baggage claim
oddział department
odpowiednie dla wegetarian/wegan suitable for vegetarians/vegans
odprawa check-in (*airport*)
odprawa bagażu baggage check
odprawa podróżnych check-in
odwołany cancelled
odzież damska ladieswear
odzież męska menswear
od ... do ... from ... to ...
oferujemy noclegi accommodation available
ograniczenie szybkości speed limit
ogród public gardens
okazja bargains
okręg administracyjny administrative district
okrężnica outer ring road
olej samochodowy oil (*gas station*)
opakowanie zbiorcze multipack
opłata obowiązkowa minimum/standard charge
opłata za usługę service charge
opłaty bankowe bank charges
opłata za dobę room rate
opóźniony delayed
opóźniony o ... minut/godzin ... minutes/hours delay
optyk optician
opuścić pokój przed ... checkout at ... [vacate your room by ...]
osiedle housing estate
ostatnia stacja benzynowa przed autostradą last gas station before the highway [motorway]
ostatnie wejście o ... latest entry at ... p.m.
ostatnie wezwanie last call
ostrzeżenie warning
otwarte open
otwarte do/w ... open until/on ...
otwarty 24 godziny na dobę 24-hour service

P **płacić przy ladzie** pay at counter

płacić przy wejściu pay on entry

płyn po opalaniu after-sun lotion

płytko shallow end

pływanie swimming

paczka parcel

paczka ekspresowa express mail

palenie ognisk/barbecues wzbronione no fires/barbecues

palenie wzbronione no smoking

palenie wzbronione na pokładach samochodowych no smoking on car decks

paliwo fuel

pamiętaj o napiwku dla przewodnika remember to tip your guide

pan Mr./Sir

panorama firm yellow pages

pani Mrs./Madam

panna Miss

państwowa karta ubezpieczeniowa national insurance card

parafia parish

parasole umbrellas [sunshades]

park publiczny public park

parking dla klientów customer parking lot

parking dla pasażerów parking for train users

parking krótko/długoterminowy short-/long-term [stay] parking

parking płatny pay parking lot

parking podziemny underground garage

parking wielopoziomowy multistory parking lot [car park]

parkometry w użyciu pay at the meter

parkometr parking meter

parkowanie dozwolone parking permitted

parter first floor [ground floor (U.K.)]/orchestra [stalls] (theater)

pas lane

pas zarezerwowany reserved lane

pawilon pavilion

pchli targ flea market

pchnąć push

pensjonat bed and breakfast

pensjonat z wyżywieniem full board (American Plan [A.P.])

peron platform

piasek sand (type of camping site)

piętro floor (level in building)

pięć lub mniej przedmiotów 5 items or less

piekarnia bakery

pielęgniarki nurses

pieniądze cash

pierwsza klasa first class

pierwsza pomoc emergency services/first aid

pierwszeństwo dla wysiadających let passengers off first

pierwszeństwo przejazdu yield [give way]

piesi pedestrians

pigułki pills

pisma magazines/periodicals

pisma dla kobiet women's magazines

piwo beer

plac square

plaża dla nudystów nudist beach

po informację, patrz na … for inquiries, see …

policja police station

północ midnight

północne north(ern)

południowy south(ern)

południe noon

półwysep peninsula

po południu p.m.

pociąg intercity intercity train

pociąg lokalny local [stopping] service (train)

poczekalnia lounge/waiting room

poczta post office

pod warunkiem, że artykuł jest dostępny subject to availability

podłoga floor

podarunek bezpłatny free gift
podarunki gifts
podawać chłodzone serve chilled
podczas mszy during services (*religious*)
podjazdy ramps
podnieś słuchawkę lift receiver (*telephone*)
podniszczone towary soiled goods
podróż powrotna round-trip
podróże statkiem boat trips
pogotowie lekarskie emergency medical service
pojutrze the day after tomorrow
pokład deck (*ship*)
pokład górny sun deck
pokład kajutowy cabin deck
pokład samochodowy car deck (*ferry*)
pokazać papiery samochodowe show car registration documents
pokoje do wynajęcia rooms for rent [to let]
pole field
pole bitwy battle site
polecane przepisy gotowania serving suggestions
polecony recommended
policja drogowa traffic/highway police
polowanie hunting
Polski Związek Motorowy (PZMot) Polish Automobile Association
pomiędzy ... a ... between ... and ... (*time, etc.*)
pomoc drogowa breakdown services
Poniedziałek Wielkanocny Easter Monday
poniedziałek Monday
port harbor/port
porto opłacone freepost
postój taksówek taxi stand [rank]
potrzebny(a) ... ... required
powolny ruch drogowy slow traffic
poziom morza sea level

poziom pośredni intermediate level
pościel linen
pralnia laundry
pralnia chemiczna dry-cleaner
prawnik lawyer
prawo jazdy driver's license
prać oddzielnie wash separately
prać ręcznie hand wash only
prywatne private
produkty mleczne dairy products
prognoza pogody weather forecast
proszę ... please ...
proszę czekać please wait
proszę czekać za barierą please wait behind barrier
proszę wytrzeć nogi please wipe your feet
proszę dzwonić please ring the bell
prysznice showers
przebieralnia changing room/cabana [bathing hut]
przecena clearance/sale
przechodzić przejściem podziemnym use the underpass
przechowywać w chłodnym miejscu keep in a cool place
przechowywać w miejscu niedostępnym dla dzieci keep out of reach of children
przed południem a.m.
przed posiłkami before meals
przed użyciem skonsultuj się z lekarzem consult your doctor before use
przedsprzedaż advance reservations
przedstawienie showing [performance]
przedstawienie nie ma przerwy continuous showing [performance]
przedziurkuj bilet punch your ticket
przed ... before ...
przejazd kolejowy railroad [level] crossing
przejście path/footpath
przejście dla pieszych pedestrian crossing
przejście podziemne underpass

przejście wzbronione do not cross
przekazy pieniężne money orders
przerw nie ma no intermission
  [intervals]
przerwa wakacyjna closed for
  vacation [holiday]
przesiąść się przy ... change at ...
przychodnia przyszpitalna
  outpatients (*hospital department*)
przychodnia zdrowia health clinic
przyczepa trailer
przyjmuje monety coins accepted
przyjmujemy wycieczki parties
  welcome
przyloty arrivals (*airport*)
przymierzalnia fitting room
przynajmniej minimum (*requirement*)
przystanek autobusowy bus stop
przystanek na żądanie request stop
punkt widzenia view point
pusty vacant
puszysty powdery (*snow*)

R ręcznie robione handmade
  ręcznie szyte hand-sewn
rabat discount
ratownik lifeguard
ratusz town hall
recepta prescription
recykling recycling
rejsy cruises
reklama drogą pocztową mailshot
remont closed for refurbishment
reperacje repairs (*car, etc.*)
restauracja samoobsługowa
  self-service restaurant
rezerwuar reservoir
rogatka toll booth
rogatkowe toll
rondo roundabout
  (*circulatory traffic system*)
rozłączony przerwana disconnected
rozkład (jazdy) letni/zimowy
  summer/winter timetable
rozmowa "direct" collect call
  [reverse-charge call]

rozmowa
  przerwana
  disconnected
rozmowa z kierowcą
  wzbroniona
  do not talk to the driver
rozpoczynający się ...
  commencing ...
rozpuścić w wodzie dissolve in water
ruch z przeciwnego kierunku traffic
  from the opposite direction
rząd tier/row
rzeka river
rzeźnik butcher

S sąd courthouse
  słodycze confectioner
sala hall
sala bankietowa reception center
sala gier game(s) room
sala konferencyjna conference room
sala zabiegowa treatment room
sala zebrań convention hall
samochód ciężarowy truck [heavy
  goods vehicle (HGV)]
samolot plane
sauna sauna
schronisko młodzieżowe youth hostel
ścieżka alley
ser cheese
sierpień August
sieć network
skala: ... scale: ...
skała cliff
skasować bilet validate/punch your
  ticket
sklep store
sklep bezcłowy duty-free store
sklep dla majsterkowiczów DIY store
sklep muzyczny music store
sklep papierniczy stationer
sklep warzywniczy greengrocer
sklep z narzędziami hardware store
sklep z zabawkami toy store
sklep ze zdrowym jedzeniem
  healthfood store
skład towarowy haulage depot

A-Z

skóra leather
skrzynka pocztowa post office box
skrzyżowanie intersection [junction]
skrzyżowanie autostrad highway interchange [motorway junction]
skup waluty w ... currency bought at ...
sobota Saturday
sól salt
spadające kamienie falling rocks
spożyć przed ... best before ... (date)
sprzedaż do ... sell-by date
sprzedaż waluty ... currency sold ...
spytać w recepcji ask at reception
stacja benzynowa gas [petrol] station
stacja kolejowa railroad station
stadion stadium
stal steel
stanie wzbronione no standing
Stany Zjednoczone United States
statek ship
statek parowy steamer
statki po rzece pleasure steamers
statki rzeczne riverboats
staw pond
steward/stewardessa flight attendant
stoisko odprawy check-in desk (airport)
straż pożarna fire station
strażacy firefighters
strefa bez ruchu ulicznego traffic-free zone
strefa pod ochroną conservation area
strumień stream
strzeżone miejsce do kąpieli supervised swimming/lifeguard on duty
styczeń January
sucha cera dry skin
suszarka do włosów hairdryer
suterena basement

świeży fresh
Sylwester New Year's Eve
szafki do przechowywania bagażu luggage lockers
szewc shoe repair [cobbler]
szkło butelkowe bottle bank
szkoła school
szkoła średnia high school [secondary school]
szlak dla początkujących piste for beginners (skiing)
szlak dla średnio zaawansowanych intermediate trail [piste] (skiing)
szlak narciarski/nartostrada skiing trail
szokoodporny shockproof
szpital hospital

Ś ściana wall
ślepy zaułek dead end
śmieci trash [rubbish]
śniadanie breakfast
śpiący policjanci speed bumps
środa Wednesday
Święto Narodowe national holiday
święto państwowe national holiday
świeża/mokra farba wet paint
świeży fresh

T tabletki tablets
targ market
targi fair
telefon publiczny pay phone
telefon zaufania help line
telefonistka operator (telephone)
ten autobus jedzie do ... this bus is going to ...
ten automat wydaje resztę this machine gives change
ten pociąg zatrzymuje się w ... this train stops at ...
ten pokój musi być posprzątany this room needs to be made up
tor wyścigowy racetrack [race course]
towary nie podlegają zwrotowi lub wymianie goods cannot be returned or exchanged

trampolina diving board
trasa autobusowa bus route
trasa do wyboru
  alternative route
trawa grass (*type of camping site*)
trzymać się lewej strony
  keep to the left
trzymać się prawej strony
  keep to the right
tłusta cera oily skin
tu mówi się po angielsku
  English spoken
turystyka piesza walking/hiking
tutaj here
tutaj zostawić torby
  leave your bags here
twarde pobocze hard shoulder
tylko only
tylko dla golarek razors [shavers]
  only
tylko dla mieszkańców residents only
tylko dla osób z biletami ticket
  holders only
tylko dla upoważnionych
  permit holders only
tylko dostawy deliveries only
tylko fracht freight only
tylko gazety newspapers only
tylko w dni powszednie
  weekdays only
tylko za abonamentami season ticket
  holders only

U **ubrania dla niemowląt**
  baby wear
ulepszony improved
ulica street
ulica jednokierunkowa
  one-way street
unowocześnione updated
urwać tutaj tear here
usługa service
usługa nie wliczona
  service not included
usługa wliczona service included
usługi dla klientów customer service
utrwalacze preservatives
uwaga caution/warning

uwaga na stopień
  watch [mind] the step
uwaga, pies beware of
  dog
uwaga! bydło! warning!
  cattle!

W **waga netto** net weight
  wakacyjny rozkład (jazdy)
  holiday timetable
waluta obca foreign currency
warsztat samochodowy car mechanic
  [repair garage]
ważny szczegół historyczny
  important historical feature
wąska droga narrow road
w budowie under construction
wełna wool
wejście entrance/way in/gate
  (*boarding*)
wejście ekspresowe
  expressway entrance
wejście tylnymi/frontowymi drzwiami
  enter by the rear/front door
wesołe miasteczko
  amusement park
wewnętrzna okrężnica
  inner ring road
weź numerek take ticket
weź pieniądze/kartę
  take your money/card
wędka fishing rod
wiadomości news
wieczorem evening/p.m.
Wielkanoc Easter
winda elevator [lift]
windsurfing windsurfing
wiosna spring
witajcie! welcome!
w jedną stronę one-way
  (*trip/journey*)
wjazd wzbroniony
  closed to traffic
wliczone included
  (*in the price*)
włącz turn on/switch on
własność prywatna private property

A-Z

właściciele nie ponoszą
odpowiedzialności za
zniszczenie lub kradzież
the owners accept no
responsibility for any
damage or theft
włóż bilet insert ticket
włóż kartę kredytową
insert credit card
włóż kartę/monety
insert card/coins
włóż monetę insert coin
**włóż pieniądze do automatu i weź
bilet** insert money in machine and
take ticket
w niebezpieczeństwie zbić szybę
break glass in case of emergency
woda bieżąca
running water
woda do picia
drinking water
woda nie nadaje się do picia
do not drink the water
wodolot hovercraft
wolna posada vacancies (*job*)
wolne pokoje vacancies
(*accommodation*)
wolno prać w pralce
machine washable
wolny free
**w przypadku awarii samochodu
dzwonić na ..., skontaktować
się z ...** in case of breakdown,
phone/contact ...
w przypadku pożaru ...
in the event of fire ...
wpłaty i wypłaty deposits and
withdrawals
w razie niebezpieczeństwa pociągnąć
pull for alarm
wschodni east(ern)
wskazówki gotowania
cooking instructions
wspinaczka rock climbing
... w sprzedaży ... on sale here
**wstęp dla dzieci poniżej ... lat
wzbroniony** no children under ...

**wstęp dla rowerzystów i
motocyklistów wzbroniony** no access
to cyclists and motorcyclists
wstęp dzieciom bez opieki wzbroniony
no unaccompanied children
wstęp wolny admission free
wstęp wzbroniony keep out/
no access/no entry
**wstęp wzbroniony na pokład
samochodowy w czasie rejsu**
no access to car decks during
crossing
wtorek Tuesday
wyłącz turn/switch off
wyłącznie dojazd access only
wyłączyć silnik turn off your engine
wybież kierunek/strefę select
destination/zone
wyboje potholes
wybrzeże coast
wydanie kieszonkowe
paperback (*book*)
wydarzenie event
wyjazd dla ciężarówek truck exit
wyjazd z autostrady highway exit
wyjmowanie pieniędzy withdrawals
(*money*)
wyjście exit/way out
wyjście bezpieczeństwa
emergency exit
wyjście gospodarcze
back exit/service exit
wyjście przeciwpożarowe fire exit
wyjście tylnymi/frontowymi drzwiami
exit by the rear/front door
wyjście wzbronione no exit
wykręcić dial
wykręcić numer ...
dial number ...
wykręcić ... do recepcji
dial ... for reception
wykręcić ... do wyjścia na miasto
dial ... for an outside line
wykręć numer PIN enter your PIN
wymiana exchange
wymiana walut currency exchange
wypadek emergency
wynajmowanie samochodów

car rental
wyposażenie domu home furnishings
wyprodukowane w ... made in ...
wyprzedane sold out
wyprzedaż clearance
wyprzedaż likwidacyjna
  going-out-of-business sale
wyrzucanie śmieci wzbronione
  no dumping
wysokie napięcie high voltage
wysokość nad poziomem morza
  height above sea level
występ show
w zależności od pory roku
  according to season
wzgórze hill
... wzbroniony ... forbidden

Z **ZO.O.** Inc. [Ltd.] *(company)*
  zabawki toys
zabytek listed building
zabytek historyczny
  listed historic building
zachodni west(ern)
zachowaj dystans
  keep your distance
zachowaj paragon bilet keep your
  receipt/ticket
**zachowaj paragon w przypadku
  wymiany lub zwrotu** keep your
  receipt for exchange or refund
zaczyna się o ... begins at ...
za dzień per day
zajazd guest house
zamek castle
zamknięte closed
zamknięte w niedzielę closed on
  Sunday
zamrożony frozen
zamykać bramę keep gate shut
zamykać drzwi close the door
zapłacono paid
zapamiętaj swój numer parkingowy
  note your parking space number
zapiąć pasy fasten your seat belt
za pół ceny half price
zapukaj i wejdź knock and enter
zarezerwowane reserved
zarezerwować reserve *(tickets, etc.)*

zatoka bay
**zatrzymywanie się
  wzbronione** no
  stopping
za tydzień per week
zawartość tłuszczu fat
  content
zdrowe jedzenie health food
zebra zebra crossing
zegarmistrz watchmaker
zepsuty out of order
zestaw obiadowy za ... złotych
  set menu for ... zloty
zima winter
zimno cold
zjazd na linie rappeling [abseiling]
Zjednoczone Królestwo United
  Kingdom
z klimatyzacją air conditioned
zła (nierówna) nawierzchnia
  poor/uneven road surface
z łazienką with bathroom
złoto gold
znaczki stamps
znak drogowy road sign
zniżka money off/reduced
**zostaw samochód na pierwszym
  biegu** leave your car in first gear
z napisami/podpisami subtitled
z prysznicem with shower
zrobione na miarę made to measure
zrobione na zamówienie made to
  order
zużyte bilety used tickets
zwolnić slow down
zwrot pieniędzy refund
zwrotne returnable
z widokiem na morze with ocean
  [sea] view
z wyjątkiem ... except on ...
z wyżywieniem with food/meals

Numbers Liczby

GRAMMAR

Note that in Polish a comma is used in place of a decimal point, and gaps are used in long numbers in place of commas.

1 234 567,89 **jeden milion, dwieście trzydzieści cztery tysiące, pięćset sześćdziesiąt siedem, osiemdziesiąt dziewięć**

0	**zero** _zerro_	16	**szesnaście** shes-_nash'_tch'yeh
1	**jeden** _yeden_	17	**siedemnaście** sh'yedem-_nash'_tch'yeh
2	**dwa** d-va	18	**osiemnaście** osh'yem-_nash'_tch'yeh
3	**trzy** t-shi	19	**dziewiętnaście** djev-yet-_nash'_tch'yeh
4	**cztery** ch-terri	20	**dwadzieścia** d-va-_djyesh'_tch'ya
5	**pięć** p-yench'	21	**dwadzieścia jeden** d-va-_djyesh'_tch'ya _yeden_
6	**sześć** shesh'tch'	22	**dwadzieścia dwa** d-va-_djyesh'_tch'ya d-va
7	**siedem** _sh'ye_dem	23	**dwadzieścia trzy** d-va-_djyesh'_tch'ya t-shi
8	**osiem** _o_-sh'yem	24	**dwadzieścia cztery** d-va-_djyesh'_tch'ya _ch-te_rri
9	**dziewięć** _dj_yev-yen'tch'	25	**dwadzieścia pięć** d-va-_djyesh'_tch'ya p-yen'tch'
10	**dziesięć** _dj_esh'yen'tch'		
11	**jedenaście** yede-_nash'_tch'yeh		
12	**dwanaście** d-va-_nash'_tch'yeh		
13	**trzynaście** t-shi-_nash'_tch'yeh		
14	**czternaście** ch-terr-_nash'_tch'yeh		
15	**piętnaście** p-yet-_nash'_tch'yeh		

26	**dwadzieścia sześć** _d-va-djyesh'tch'ya shesh'tch'_	1,000,000	**milion** _meel-yon_
27	**dwadzieścia siedem** _d-va-djyesh'tch'ya sh'yedem_	first	**pierwszy** _p-yerrshi_
28	**dwadzieścia osiem** _d-va-djyesh'tch'ya o-sh'yem_	second	**drugi** _d-rroogee_
29	**dwadzieścia dziewięć** _d-va-_ _djyesh'tch'ya djyev-yen'tch'_	third	**trzeci** _tshe-tch'ee_
30	**trzydzieści** _tshi-djyesh'tch'ee_	fourth	**czwarty** _ch-farrti_
31	**trzydzieści jeden** _tshi-djyesh'tch'ee yeden_	fifth	**piąty** _p-yonti_
32	**trzydzieści dwa** _tshi-djyesh'tch'ee d-va_	once	**raz** _rras_
		twice	**dwa razy** _d-va rrazi_
40	**czterdzieści** _ch-terr-djyesh'tch'ee_	three times	**trzy razy** _tshi rrazi_
50	**pięćdziesiąt** _p-yen'-djyesh'yont_	a half	**pół** _poow_
60	**sześćdziesiąt** _shesh'-djyesh'yont_	half an hour	**pół godziny** _poow godjeeni_
70	**siedemdziesiąt** _sh'yedem-djyesh'yont_	half a tank	**pół baku** _poow bakoo_
80	**osiemdziesiąt** _o-sh'yem-djyesh'yont_	a quarter	**ćwierć** _tch'f-yerr-tch'_
90	**dziewięćdziesiąt** _djyev-yen'djyesh'yont_	a third	**jedna trzecia** _yedna tshe-tch'ya_
100	**sto** _sto_	a pair of …	**para …** _parra_
101	**sto jeden** _sto yeden_	a dozen …	**tuzin …** _toozh'een_
102	**sto dwa** _sto d-va_	1999	**tysiąc dziewięćset** **dziewięćdziesiąt** **dziewięć** _ti-sh'yonts_ _djyev-yen'tset_ _djyev-yen'djyesh'yont_ _djyev-yen'tch'_
200	**dwieście** _dv-yesh'tch'yeh_		
500	**pięćset** _p-yen'set_		
1,000	**tysiąc** _ti-sh'yonts_	2001	**dwa tysiące jeden** _d-va ti-sh'yon-tseh_ _yeden_
10,000	**dziesięć tysięcy** _djyesh'yen'tch' ti-sh'yen-tsi_	the 1990s	**lata dziewięćdziesiąte** _lata djyev-yen'djyesh'_ _yonteh_
35,750	**trzydzieści pięć tysięcy** **siedemset pięćdziesiąt** _tshi-djyesh'tch'ee p-yen'tch'_ _ti-sh'yen-tsi sh'yedem-set_ _p-yen'djyesh'yont_	the year 2000	**rok dwutysięczny** _rrok dvoo-tish'yen-chni_
		the Millennium	**millennium** _meelen'yoom_

Days Dni

_nday	**poniedziałek**	_pon'ye-djyah_wek
_esday	**wtorek**	_ftor_rek
_dnesday	**środa**	_sh'rro_da
_ay	**czwartek**	_ch-farr_tek
Friday	**piątek**	_p-yon_tek
Saturday	**sobota**	_sobo_ta
Sunday	**niedziela**	_n'yedjye_la

Months Miesiące

January	**styczeń**	_stichen'_
February	**luty**	_loo_ti
March	**marzec**	_mazhets_
April	**kwiecień**	_kf-ye-tch'yen'_
May	**maj**	_muy_
June	**czerwiec**	_cherv-yets_
July	**lipiec**	_leep-yets_
August	**sierpień**	_sh'yerrp-yen'_
September	**wrzesień**	_v-zhe-sh'yen'_
October	**październik**	_pazh'djyerr-n'eek_
November	**listopad**	_leestopat_
December	**grudzień**	_grroodjyen'_

Dates Daty

It's … today.	**Dzisiaj (dziś) jest …** _dj'eesh'yuy (djeesh') yest_
July 10	**dziesiątego lipca** _djyesh'yon-tego leeptsa_
Tuesday, March 1	**wtorek, pierwszego marca** _ftorrek p-yerrshego marrtsa_
yesterday	**wczoraj** _f-cho-rruy_
today	**dzisiaj/dziś** _djeesh'yuy/djeesh'_
tomorrow	**jutro** _yootrro_
this …/last …	**w tym …/w zeszłym …** _f tim/v zeshwim_
next week	**w następnym tygodniu** _v nastemp-nim togodn'yoo_
every month/year	**co miesiąc/co roku** _tso-m-yesh'yonts/tso-rrokoo_
on [at] the weekend	**w weekend** _v weekend_

218

Seasons Pory roku

spring	**wiosna** _v-yosna_
summer	**lato** _lato_
fall [autumn]	**jesień** _yesh'yen'_
winter	**zima** _zh'eema_
in spring	**na wiosnę** _nav-yos-neh_
during the summer	**w ciągu lata** _f-tch'yongoo lata_

Greetings Pozdrowienia

In Poland, people generally celebrate their name days (saints' days), but celebrating birthdays is becoming more popular.

Happy birthday / name day!	**Wszystkiego najlepszego z okazji urodzin/imienin!** _v-shis-k-yego nuy-lep-shego z o-kaz-yee oo-rodjeen/ eem-yen'een_
Merry Christmas!	**Wesołych Świąt!** _vesowih sh'f-yont_
Happy New Year!	**Szczęśliwego Nowego Roku!** _sh-chen-sh'leevego novego rrokoo_
Happy Easter!	**Wesołych Świąt!/Wesołego Alleluja!** _vesowih sh'f-yont/veso-wego alelooya_
Best wishes!	**Najlepsze życzenia!** _nuy-lepsheh zhichen'ya_
Congratulations!	**Gratulacje!** _grratoolats-yeh_
Good luck! / All the best!	**Powodzenia!/Wszystkiego najlepszego!** _povodzen'ya/v-shis-k-yego nuy-lep-shego_
Have a good trip!	**Szczęśliwej podróży!** _sh-chen'sh'lee-vey pod-rroozhi_
Give my regards to ...	**Pozdrowienia dla ...** _pozd-rrov-yen'ya dla_

Public holidays Święta państwowe

January 1	Nowy Rok	New Year's Day
March / April	Wielkanoc	Easter
May 1	Święto 1 Maja	Labor Day
May 3	Konstytucja 3 Maja	Constitution Day
Thursday in May / June	Boże Ciało	Corpus Christi
August 15	Wniebowzięcie	Assumption Day
November 1	Wszystkich Świętych	All Saints' Day
November 11	Święto Narodowe	Independence Day
December 25 & 26	Boże Narodzenie	Christmas

Time Czas

pierwsza (godzina)
pięć po pierwszej
dziesięć po pierwszej
kwadrans po pierwszej
dwadzieścia po pierwszej
dwadzieścia pięć po pierwszej
wpół do drugiej
za dwadzieścia pięć druga
za dwadzieścia druga
za kwadrans druga
za dziesięć druga
za pięć druga

Can you tell me the time?	**Czy może mi pan powiedzieć która godzina?** *chi mozheh mee pan pov-ye-djyetch' k-toorra godjeena*
It's …	**Jest …** *yest*
five past one	**pięć po pierwszej** *p-yen'tch' po p-yerrshey*
ten past two	**dziesięć po drugiej** *djyesh'yen'tch' po d-rroog-yey*
a quarter past three	**kwadrans po trzeciej** *kfad-rrans po tshe-tch'yey*
twenty past four	**dwadzieścia po czwartej** *d-vadjyesh'tch'ya po ch-farrtey*
twenty-five past five	**dwadzieścia pięć po piątej** *d-vadjyesh'tsh'ya p-yen'tch' po p-yontey*
half past six	**wpół do siódnej** *f-poow do sh'yoodmey*
twenty-five to seven	**za dwadzieścia pięć siódma** *za d-vadjyesh'tch'ya p-yen'tch' sh'yoodma*
twenty to eight	**za dwadzieścia ósma** *za d-vadjyesh'tch'ya oosma*
a quarter to nine	**za kwadrans dziewiąta** *za k-fad-rrans djyev-yonta*
ten to ten	**za dziesięć dziesiąta** *za djyesh'yen'tch' djyesh'yonta*
five to eleven	**za pięć jedenasta** *za p-yen'tch' yedenasta*
twelve o'clock	**dwunasta** *d-voonasta*

noon/midnight	**południe/północ** *po<u>wood</u>-n'yeh/<u>poow</u>nots*
at dawn	**o świcie** *o <u>sh'fee</u>-tch'yeh*
in the morning	**rano** *<u>rr</u>ano*
during the day	**w ciągu dnia** *f tch'yongoo d-n'ya*
before lunch	**przed obiadem/lunchem** *pshet <u>ob-ya</u>dem/<u>lan</u>chem*
after lunch	**po obiedzie/lunchu** *po-ob-<u>ye</u>djyeh/<u>lan</u>choo*
in the afternoon	**po południu** *po po<u>wood</u>-n'yoo*
in the evening	**wieczorem** *v-ye<u>cho</u>rrem*
at night	**w nocy** *v <u>no</u>tsi*
I'll be ready in five minutes.	**Będę gotowy za pięć minut.** *<u>ben</u>deh go<u>to</u>vi za p-yen'tch' <u>mee</u>noot*
He'll be back in a quarter of an hour.	**Wróci za kwadrans.** *<u>vrroo</u>-tch'ee za <u>k-fad</u>-rrans*
She arrived half an hour ago.	**Przyszła pół godziny temu.** *<u>pshi</u>-shwah poow go<u>dje</u>eni <u>te</u>moo*
The train leaves at …	**Pociąg odjeżdża o …** *<u>potch</u>'yonk od-<u>yezh</u>-ja o*
13:04	**trzynastej zero cztery** *tshi<u>na</u>stey <u>ze</u>rro <u>ch-te</u>rri*
00:40	**o zero czterdzieści** *o <u>ze</u>rro ch-terr<u>djyesh</u>'tch'ee*
The train is 10 minutes late/early.	**Pociąg jest dziesięć minut spóźniony/za wcześnie.** *<u>potch</u>'yonk yest <u>djyesh</u>'yen'tch' <u>mee</u>noot spoozh'n'<u>yoni</u>/za f-<u>chesh</u>'n'yeh*
It's 5 minutes fast/slow.	**Spieszy się/spóźnia pięć minut.** *sp-<u>ye</u>shi sh'yeh/<u>spoozh</u>n'ya p-yen'tch <u>mee</u>noot*
from 9:00 to 5:00	**od dziewiątej do piątej** *od djyev-<u>yon</u>tey do <u>p-yon</u>tey*
between 8:00 and 2:00	**między ósmą a drugą** *<u>m-yen</u>dzi <u>oos</u>mong' a <u>d-rroo</u>-gong'*
I'll be leaving by …	**Wyjdę przed …** *<u>wiy</u>-deh pshet*
Will you be back before …?	**Czy wróci pan przed …?** *chi <u>v-rrooch</u>'ee pan pshet*
We'll be here until …	**Będziemy tutaj do …** *ben<u>djye</u>mi <u>too</u>tuy do*